Entra ID (Azure AD): todo lo que necesitas saber

James Relington

DEDICATORIA

A mi familia, cuyo apoyo y aliento han sido mi mayor motivación. A mis compañeros y mentores, que han compartido con generosidad sus conocimientos y experiencia. Y a todos aquellos apasionados por la tecnología y la seguridad, que se esfuerzan por construir un mundo digital más seguro.

AGRADECIMIENTOS

Me gustaría expresar mi gratitud a todos los que contribuyeron a la creación de este libro. A mi familia y amigos por su apoyo inquebrantable, a mis colegas y mentores por sus valiosos aportes y a la comunidad tecnológica por compartir continuamente conocimientos y ampliar los límites de la innovación. Un agradecimiento especial a quienes revisaron, brindaron comentarios y me inspiraron a lo largo de este viaje. Su aliento y experiencia han hecho posible este trabajo.

Comenzando con los conceptos básicos de Entra ID

Microsoft Entra ID, anteriormente conocido como Azure Active Directory (Azure AD), es el servicio de identidad y administración de accesos en la nube de Microsoft. Su objetivo principal es proporcionar autenticación y autorización seguras para usuarios, aplicaciones y dispositivos dentro de un entorno corporativo. A medida que las empresas adoptan modelos híbridos y totalmente en la nube, contar con un sistema de gestión de identidad robusto se vuelve esencial para garantizar la seguridad y la eficiencia operativa.

Entra ID no es simplemente una versión en la nube de Active Directory tradicional, sino una plataforma diseñada específicamente para entornos modernos, con capacidades avanzadas que incluyen autenticación multifactor (MFA), acceso condicional y protección contra amenazas basadas en inteligencia artificial. A diferencia de un directorio local, Entra ID permite a los usuarios acceder de manera segura a recursos en la nube, como Microsoft 365, aplicaciones SaaS y servicios alojados en Azure, sin la necesidad de una infraestructura de identidad física.

Uno de los conceptos fundamentales de Entra ID es la identidad del usuario. Cada usuario dentro de la organización posee una identidad única que le permite acceder a distintos recursos en función de los permisos asignados. Estas identidades pueden ser administradas directamente en Entra ID o sincronizadas desde un directorio local mediante Azure AD Connect, lo que permite a las empresas mantener una estrategia de identidad híbrida sin necesidad de migrar completamente a la nube.

La autenticación en Entra ID es un componente clave de la seguridad. Los usuarios pueden autenticarse utilizando diversos métodos, desde contraseñas tradicionales hasta opciones más seguras como MFA y autenticación sin contraseña. La autenticación multifactor agrega una capa adicional de seguridad al requerir una verificación secundaria, como un código enviado a un dispositivo móvil o el uso de autenticación biométrica. Además, Microsoft Entra ID ofrece la capacidad de implementar acceso condicional, lo que permite restringir o conceder accesos en función de múltiples factores, como la ubicación del usuario, el dispositivo utilizado o el nivel de riesgo detectado.

Otro aspecto importante dentro de Entra ID es la administración de grupos y roles. Los administradores pueden agrupar usuarios según sus funciones dentro de la organización y asignar permisos específicos a cada grupo. Esto simplifica la administración del acceso a aplicaciones y recursos, garantizando que cada usuario tenga solo los privilegios necesarios para desempeñar su trabajo. Los roles de administrador dentro de Entra ID también permiten delegar tareas específicas a ciertos usuarios sin otorgarles permisos excesivos que podrían comprometer la seguridad del sistema.

Entra ID también soporta el acceso a aplicaciones mediante el inicio de sesión único (SSO), lo que permite a los usuarios autenticarse una vez y acceder a múltiples aplicaciones sin necesidad de volver a introducir sus credenciales. Esta funcionalidad no solo mejora la experiencia del usuario, sino que también reduce la dependencia de contraseñas, lo que minimiza el riesgo de ataques relacionados con credenciales comprometidas.

Además de los usuarios internos, Entra ID facilita la gestión de identidades externas mediante su funcionalidad de colaboración B2B. Esto permite a las organizaciones compartir recursos con socios y clientes sin necesidad de crear cuentas adicionales en sus directorios, asegurando al mismo tiempo el control sobre los accesos y los permisos otorgados.

Otro concepto clave dentro de Entra ID es la protección de identidad. Gracias a la inteligencia artificial y el aprendizaje automático, Entra ID puede detectar patrones de comportamiento sospechosos e identificar amenazas en tiempo real. Funcionalidades como Identity Protection alertan a los administradores sobre intentos de acceso desde ubicaciones inusuales, credenciales filtradas o comportamientos atípicos, permitiendo tomar medidas inmediatas para mitigar posibles riesgos.

Entra ID también juega un papel fundamental en la estrategia de Zero Trust, un modelo de seguridad que asume que ninguna identidad o dispositivo debe ser considerado seguro por defecto. A través de políticas de acceso condicional y autenticación adaptativa, Entra ID permite a las organizaciones implementar un enfoque basado en la verificación continua y la mínima concesión de privilegios.

El modelo de licenciamiento de Entra ID está diseñado para adaptarse a diferentes necesidades empresariales. Existen versiones gratuitas con funcionalidades básicas y versiones premium que incluyen características avanzadas como el acceso condicional, la protección de identidad y el acceso basado en riesgos. La elección de la licencia adecuada depende del tamaño de la organización, el nivel de seguridad requerido y la complejidad de la gestión de identidades.

A medida que las empresas siguen migrando a entornos digitales y adoptan más aplicaciones en la nube, contar con un sistema de identidad flexible y seguro se vuelve esencial. Microsoft Entra ID ofrece una solución escalable y robusta para gestionar identidades en la nube, permitiendo a las organizaciones proteger sus recursos sin comprometer la productividad de los usuarios.

Componentes principales de Microsoft Entra ID

Microsoft Entra ID, anteriormente conocido como Azure Active Directory (Azure AD), es la solución de identidad y acceso en la nube de Microsoft, diseñada para gestionar de manera segura la autenticación y autorización de usuarios y dispositivos en entornos empresariales modernos. Este servicio juega un papel fundamental en la administración de identidades para Microsoft 365, Azure y miles de aplicaciones SaaS. Para comprender su funcionamiento, es esencial conocer los principales componentes que conforman Microsoft Entra ID y cómo estos interactúan para proporcionar una gestión segura y eficiente de identidades.

Uno de los componentes fundamentales de Microsoft Entra ID es la administración de identidades y usuarios. Entra ID permite crear, gestionar y proteger las identidades digitales de los empleados, socios y clientes dentro de una organización. Cada usuario tiene un perfil único dentro del directorio, con atributos como nombres, direcciones de correo electrónico, roles y permisos asignados. A través de esta estructura, los administradores pueden controlar quién puede acceder a qué recursos y bajo qué condiciones, garantizando una experiencia de acceso segura y sin interrupciones.

El segundo componente clave es la autenticación, que garantiza que solo los usuarios legítimos puedan acceder a los sistemas y aplicaciones. Microsoft Entra ID admite múltiples métodos de autenticación, incluyendo contraseñas, autenticación multifactor (MFA) y métodos sin contraseña, como Windows Hello for Business y claves de seguridad FIDO2. Con la creciente cantidad de amenazas cibernéticas, Entra ID incorpora mecanismos avanzados para reducir los riesgos asociados con el robo de credenciales y los ataques de phishing, mejorando así la seguridad organizativa.

Otro aspecto crucial de Entra ID es la autorización, que se basa en el control de acceso basado en roles (RBAC). Este modelo permite que los administradores definan permisos específicos para usuarios o grupos según sus funciones dentro de la organización. Con RBAC, es posible restringir el acceso a información sensible o aplicaciones críticas a solo aquellos usuarios que realmente necesiten utilizar esos recursos. Además, los administradores pueden configurar permisos granulares para evitar el acceso no autorizado y minimizar los riesgos de seguridad.

Las políticas de acceso condicional constituyen otro pilar esencial dentro de Entra ID. Estas políticas permiten establecer reglas dinámicas que determinan si un usuario puede acceder a un recurso en función de factores como la ubicación, el tipo de dispositivo, la identidad del usuario y su nivel de riesgo. Por ejemplo, una organización puede exigir autenticación multifactor cuando un usuario intente iniciar sesión desde un país desconocido o desde un dispositivo no administrado. De esta manera, Entra ID ayuda a reforzar la seguridad sin comprometer la productividad de los empleados.

Microsoft Entra ID también ofrece administración de dispositivos, lo que permite a las organizaciones gestionar y proteger los dispositivos que acceden a sus recursos. A través de la integración con Microsoft Intune, las empresas pueden aplicar políticas de seguridad a dispositivos móviles, laptops y otros endpoints. Esto es particularmente útil en entornos de trabajo híbridos o remotos, donde los empleados utilizan múltiples dispositivos para acceder a información corporativa.

La integración con aplicaciones es otro elemento clave de Entra ID. Microsoft proporciona conectores preconfigurados para miles de aplicaciones SaaS, facilitando la implementación del inicio de sesión único (SSO). Con SSO, los usuarios pueden autenticarse una sola vez y acceder a todas las aplicaciones autorizadas sin necesidad de ingresar credenciales repetidamente. Esta funcionalidad no solo mejora la experiencia del usuario, sino que también reduce la fatiga de contraseñas y los riesgos de seguridad asociados con el uso de contraseñas débiles o repetidas.

Otro componente importante es la protección de identidad, que utiliza inteligencia artificial y aprendizaje automático para detectar y mitigar amenazas en tiempo real. Microsoft Entra ID puede identificar patrones de acceso inusuales, como intentos de inicio de sesión desde ubicaciones anómalas o dispositivos comprometidos, y aplicar respuestas automatizadas para reducir los riesgos. Los administradores reciben alertas sobre actividades sospechosas y pueden tomar medidas inmediatas para proteger las cuentas en peligro.

La gestión de identidades híbridas es una característica esencial para organizaciones que combinan entornos locales y en la nube. Microsoft Entra ID permite la sincronización con Active Directory a través de Azure AD Connect, lo que posibilita a los usuarios utilizar las mismas credenciales en ambos entornos. Esto simplifica la administración de identidades y garantiza una experiencia de usuario coherente, independientemente de si acceden a aplicaciones en la nube o a sistemas locales.

Por último, la auditoría y el monitoreo son elementos críticos dentro de Microsoft Entra ID. A través de herramientas como Azure Monitor y Microsoft Sentinel, las empresas pueden rastrear eventos de autenticación, cambios en configuraciones y posibles incidentes de seguridad. Estos registros permiten a los equipos de TI investigar actividades sospechosas, garantizar el cumplimiento normativo y mejorar la postura de seguridad general de la organización.

Microsoft Entra ID se ha convertido en una pieza clave dentro de la estrategia de seguridad e identidad de las organizaciones modernas. Su conjunto de componentes interconectados permite gestionar identidades de manera eficiente, proteger el acceso a los recursos críticos y garantizar el cumplimiento de normativas de seguridad. Desde la autenticación hasta la auditoría, cada aspecto de Entra ID contribuye a una gestión integral de identidades en la nube, facilitando la adopción de modelos de seguridad avanzados como Zero Trust.

Configuración de tu inquilino de Entra ID

Microsoft Entra ID es la solución de identidad en la nube de Microsoft, diseñada para proporcionar autenticación y control de acceso a usuarios y aplicaciones en entornos empresariales. Configurar un inquilino de Entra ID es un paso esencial para administrar identidades de manera centralizada y garantizar la seguridad de los recursos corporativos. El proceso de configuración inicial establece la base para una gestión eficaz de usuarios, permisos y políticas de seguridad.

Al crear un inquilino de Entra ID, la organización establece un espacio aislado dentro de la infraestructura de Microsoft en la nube. Este inquilino actúa como el repositorio principal donde se almacenan las identidades de los usuarios, grupos y aplicaciones de la empresa. Para comenzar, se necesita una suscripción a Microsoft 365, Azure u otro servicio de Microsoft que incluya Entra ID. Una vez que se ha creado el inquilino, se le asigna un nombre de dominio inicial, que generalmente tiene el formato empresa.onmicrosoft.com. Aunque este dominio es funcional, se recomienda agregar un dominio personalizado para reflejar la identidad corporativa.

Agregar un dominio personalizado es un paso fundamental en la configuración del inquilino. Un dominio personalizado mejora la experiencia de usuario al permitir inicios de sesión con direcciones de correo electrónico que coinciden con el dominio corporativo, en lugar del dominio predeterminado de Microsoft. Para ello, se debe verificar la propiedad del dominio a través del portal de Entra ID, utilizando métodos como la adición de registros TXT o MX en la configuración de DNS del dominio. Una vez verificado, el dominio puede ser asignado como el principal para la autenticación de los usuarios.

Otro aspecto clave en la configuración del inquilino es la integración con Active Directory local, en caso de que la organización tenga una infraestructura híbrida. Azure AD Connect es la herramienta que facilita la sincronización de identidades entre Active Directory en las instalaciones y Entra ID en la nube. Configurar esta integración permite que los usuarios utilicen las mismas credenciales para acceder tanto a los recursos locales como a los basados en la nube, eliminando la necesidad de administrar cuentas separadas.

La seguridad del inquilino de Entra ID debe establecerse desde el principio para minimizar riesgos. Una de las primeras configuraciones recomendadas es la habilitación de la autenticación multifactor (MFA) para todos los usuarios, especialmente aquellos con privilegios administrativos. La autenticación multifactor agrega una capa de seguridad adicional al requerir un segundo factor, como una notificación en un dispositivo móvil o una clave de seguridad física, antes de conceder acceso a la cuenta.

El acceso condicional es otra herramienta esencial para la seguridad del inquilino. Con esta función, los administradores pueden definir reglas que controlan cómo y cuándo los usuarios pueden acceder a los recursos corporativos. Por ejemplo, se pueden configurar políticas para requerir MFA cuando un usuario intente iniciar sesión desde una ubicación inusual o desde un dispositivo no administrado. Estas reglas permiten un equilibrio entre seguridad y usabilidad, adaptando el acceso en función del riesgo detectado.

Además de la seguridad, la gestión eficiente de usuarios y grupos es un elemento clave en la configuración del inquilino. Entra ID permite la creación de grupos dinámicos, que agregan o eliminan usuarios automáticamente según atributos como la ubicación, el departamento o el rol dentro de la empresa. Utilizar grupos dinámicos facilita la administración de permisos y acceso a aplicaciones sin la necesidad de intervención manual constante.

El portal de Entra ID ofrece herramientas para monitorear el estado del inquilino y detectar actividades sospechosas. Los registros de inicio de sesión y las alertas de riesgo proporcionan información en tiempo real sobre intentos de acceso y posibles amenazas. Es recomendable que los administradores revisen estos informes de manera regular y configuren alertas automatizadas para responder rápidamente a incidentes de seguridad.

Otro paso importante en la configuración del inquilino es la integración con aplicaciones empresariales. Entra ID admite miles de aplicaciones preintegradas, lo que permite a las empresas configurar inicio de sesión único (SSO) para simplificar la experiencia del usuario y mejorar la seguridad. A través del portal de Entra ID, los administradores pueden agregar aplicaciones, configurar métodos de autenticación y definir políticas de acceso específicas para cada aplicación.

A medida que el uso de Entra ID se expande dentro de la organización, es recomendable establecer una estrategia de administración delegada. En lugar de asignar privilegios administrativos a un número limitado de personas, se pueden utilizar roles administrativos con permisos específicos, asegurando que cada usuario tenga acceso solo a las funciones necesarias para su trabajo. Además, el uso de Privileged Identity Management (PIM) permite conceder permisos elevados de manera temporal y con supervisión, reduciendo el riesgo de abuso de privilegios.

Finalmente, la automatización de tareas dentro del inquilino de Entra ID puede mejorar la eficiencia operativa. Mediante el uso de PowerShell y Microsoft Graph API, los administradores pueden realizar tareas repetitivas como la creación de usuarios, la asignación de licencias y la configuración de políticas de seguridad de manera automatizada. Estas herramientas permiten escalar la administración del inquilino a medida que la organización crece y se vuelve más compleja.

Configurar un inquilino de Microsoft Entra ID correctamente desde el principio es crucial para garantizar un entorno seguro, eficiente y escalable. Al seguir las mejores prácticas en la implementación de dominios personalizados, autenticación segura, administración de acceso y monitoreo continuo, las organizaciones pueden maximizar el potencial de Entra ID y fortalecer la seguridad de su infraestructura en la nube.

Administración de usuarios y grupos en Entra ID

Microsoft Entra ID es la solución de identidad en la nube de Microsoft que permite gestionar el acceso a recursos digitales de manera eficiente y segura. Dentro de cualquier organización, la correcta administración de usuarios y grupos es esencial para garantizar que los empleados, socios y clientes tengan acceso a las aplicaciones y servicios adecuados sin comprometer la seguridad. Entra ID proporciona herramientas avanzadas para gestionar identidades, definir roles y configurar accesos de manera dinámica y automatizada.

El primer paso en la administración de usuarios en Entra ID es la creación y gestión de cuentas. Cada usuario registrado en el directorio tiene una identidad única asociada a una dirección de correo electrónico y un identificador específico dentro de la organización. Estas identidades pueden ser creadas manualmente a través del portal de Entra ID, importadas mediante archivos CSV o sincronizadas automáticamente desde un entorno de Active Directory local mediante Azure AD Connect. La sincronización permite a las organizaciones híbridas gestionar identidades de manera unificada, asegurando que los usuarios puedan acceder tanto a los recursos en la nube como a los sistemas locales con las mismas credenciales.

Además de la gestión individual de cuentas, Entra ID permite la automatización del ciclo de vida de los usuarios. Esto significa que cuando un empleado es contratado, su cuenta puede crearse automáticamente con los permisos adecuados, y cuando deja la empresa, su acceso puede revocarse de inmediato. Esta automatización se puede lograr mediante la integración con sistemas de recursos humanos o mediante la configuración de reglas dentro de Entra ID para asignar licencias y permisos según el departamento, la ubicación o el rol del usuario.

Los grupos en Entra ID juegan un papel fundamental en la administración de acceso a los recursos. Existen dos tipos principales de grupos: los grupos asignados y los grupos dinámicos. Los grupos asignados requieren que los administradores agreguen y eliminen miembros manualmente, mientras que los grupos dinámicos permiten la incorporación automática de usuarios en función de atributos específicos, como el departamento, la ubicación o el cargo. Esta funcionalidad facilita la administración de permisos a gran escala y reduce la carga operativa del equipo de TI.

El uso de grupos en Entra ID permite simplificar la administración del acceso a aplicaciones y recursos. Por ejemplo, en lugar de asignar permisos individualmente a cada usuario, un administrador puede definir un grupo para un departamento específico y otorgar acceso a todas las herramientas necesarias para los empleados de esa área. Si un nuevo empleado se une al departamento, su inclusión en el grupo le otorgará automáticamente los accesos adecuados sin necesidad de intervención manual.

Otra funcionalidad clave de la administración de usuarios y grupos en Entra ID es la delegación de permisos mediante roles administrativos. No todos los usuarios requieren el mismo nivel de acceso dentro del sistema, y otorgar privilegios innecesarios puede representar un riesgo de seguridad. Entra ID permite asignar roles predefinidos a usuarios específicos para delegar tareas administrativas sin comprometer la seguridad general del sistema.

Microsoft Entra ID también permite gestionar identidades externas mediante la colaboración B2B. Esto es útil cuando una organización necesita otorgar acceso a socios comerciales, proveedores o clientes sin crear cuentas redundantes dentro del directorio interno. Con la funcionalidad de colaboración externa, los invitados pueden acceder a los recursos compartidos utilizando sus propias credenciales de identidad federada, lo que simplifica la administración y refuerza la seguridad al evitar la proliferación de cuentas innecesarias.

El control y monitoreo de usuarios y grupos también es un aspecto esencial dentro de Entra ID. Los administradores pueden revisar auditorías y registros de acceso para detectar comportamientos inusuales, como intentos fallidos de autenticación o accesos desde ubicaciones inusuales. Estas herramientas permiten detectar y mitigar amenazas potenciales antes de que comprometan la seguridad de la organización.

Además, Microsoft Entra ID permite la integración con políticas de acceso condicional. Esto significa que los administradores pueden definir reglas específicas para restringir el acceso en función de factores como la ubicación, el dispositivo utilizado y el nivel de riesgo asociado a una sesión. De esta manera, un usuario puede ser requerido a autenticarse mediante MFA si intenta acceder desde un dispositivo personal no registrado, garantizando una capa adicional de seguridad.

A medida que las organizaciones crecen, la administración de usuarios y grupos se vuelve más compleja. Microsoft Entra ID proporciona herramientas avanzadas para automatizar y simplificar esta tarea, reduciendo el esfuerzo manual y minimizando los riesgos de seguridad. La combinación de grupos dinámicos, roles administrativos y acceso condicional permite una gestión eficiente y segura de identidades dentro de cualquier empresa.

Roles y unidades administrativas de Entra ID

Microsoft Entra ID es una plataforma de gestión de identidades que permite a las organizaciones administrar el acceso a sus recursos digitales de manera eficiente y segura. Dentro de esta plataforma, los roles y las unidades administrativas juegan un papel crucial en la delegación de responsabilidades y en la segmentación de la administración de identidades. La correcta asignación de roles y la implementación de unidades administrativas ayudan a garantizar que los administradores y usuarios tengan los permisos adecuados sin comprometer la seguridad o la eficiencia operativa de la organización.

Los roles en Entra ID definen los permisos que un usuario puede ejercer dentro del entorno. Microsoft proporciona un modelo basado en el control de acceso basado en roles (RBAC), lo que permite otorgar permisos específicos según la función del usuario dentro de la empresa. Existen roles predefinidos que permiten administrar aspectos concretos de Entra ID sin otorgar privilegios innecesarios. Por ejemplo, el rol de Administrador Global otorga acceso total a todas las configuraciones y recursos de Entra ID, mientras que el rol de Administrador de Seguridad solo permite gestionar aspectos relacionados con la protección y detección de amenazas.

Asignar roles correctamente es fundamental para reducir el riesgo de accesos indebidos y mejorar la eficiencia operativa. La sobreasignación de permisos administrativos puede aumentar la superficie de ataque en caso de que una cuenta sea comprometida. Para mitigar estos riesgos, Entra ID permite la asignación de roles con privilegios mínimos, asegurando que los usuarios tengan únicamente los permisos necesarios para realizar sus tareas diarias. Además, se pueden definir roles personalizados en función de necesidades específicas, lo que otorga mayor flexibilidad a las empresas que requieren una segmentación más detallada de los permisos.

Un aspecto clave dentro de la gestión de roles en Entra ID es el uso de Privileged Identity Management (PIM). Esta funcionalidad permite a las organizaciones administrar los roles de alta sensibilidad de forma más segura, proporcionando acceso temporal a permisos elevados y exigiendo aprobaciones antes de que un usuario pueda realizar cambios críticos en el entorno. PIM también genera auditorías detalladas de las acciones realizadas por los administradores, lo que facilita el cumplimiento de normativas y reduce el riesgo de abuso de privilegios.

Las unidades administrativas en Entra ID son otro componente esencial en la segmentación de la administración. Estas unidades permiten organizar los usuarios, dispositivos y grupos en diferentes subconjuntos dentro del directorio, lo que resulta especialmente útil en empresas de gran tamaño o en organizaciones con múltiples divisiones operativas. Por ejemplo, una corporación global puede utilizar unidades administrativas para separar la gestión de identidades por región, permitiendo que los administradores locales gestionen los usuarios de su área sin afectar a otros segmentos de la empresa.

El uso de unidades administrativas también es beneficioso para delegar la administración sin otorgar acceso a la configuración global de Entra ID. En lugar de conceder privilegios administrativos generales, una organización puede asignar administradores a unidades específicas, asegurando que solo tengan control sobre los recursos que les corresponden. Esto es particularmente útil en escenarios de franquicias, instituciones educativas o conglomerados empresariales, donde cada entidad opera de manera semi-independiente dentro de un mismo directorio.

Además de facilitar la administración delegada, las unidades administrativas ayudan a aplicar políticas de seguridad y cumplimiento de manera diferenciada. Algunas organizaciones requieren normativas distintas según el país o el departamento, y las unidades administrativas permiten definir configuraciones personalizadas para cada grupo sin interferir con el resto de la organización. Esto puede incluir políticas de acceso condicional, requisitos específicos de autenticación multifactor o restricciones en la asignación de licencias y permisos.

Microsoft Entra ID también permite combinar roles y unidades administrativas para una gestión aún más granular. Un usuario puede tener un rol específico dentro de una unidad administrativa, lo que le permite realizar ciertas tareas solo en un subconjunto de la organización. Por ejemplo, un administrador de soporte técnico puede recibir privilegios para restablecer contraseñas y administrar dispositivos, pero solo dentro de una unidad administrativa determinada, sin acceso a otras partes del directorio.

El monitoreo y la auditoría son aspectos fundamentales en la gestión de roles y unidades administrativas. Entra ID proporciona registros detallados de las acciones realizadas por los administradores, permitiendo a los equipos de seguridad detectar cambios sospechosos y evaluar el cumplimiento de políticas internas. Además, mediante el uso de Microsoft Sentinel y otras herramientas de análisis, las organizaciones pueden recibir alertas en tiempo real sobre modificaciones inusuales en los permisos o intentos de acceso no autorizados.

Una estrategia bien definida en la asignación de roles y la implementación de unidades administrativas permite optimizar la gestión de identidades en entornos complejos. Al aprovechar las capacidades avanzadas de Entra ID, las empresas pueden garantizar un equilibrio adecuado entre seguridad, flexibilidad y eficiencia operativa. A medida que las organizaciones adoptan modelos híbridos y en la nube, una correcta administración de identidades se convierte en un pilar esencial para proteger la información y facilitar el acceso a los recursos de manera segura y controlada.

Comprensión de las opciones de autenticación de Entra ID

Microsoft Entra ID, anteriormente conocido como Azure Active Directory (Azure AD), es un servicio de identidad en la nube diseñado para proporcionar autenticación segura y acceso controlado a los recursos empresariales. La autenticación es un componente fundamental de cualquier estrategia de seguridad, ya que garantiza que solo los usuarios legítimos puedan acceder a sistemas y aplicaciones. Entra ID ofrece diversas opciones de autenticación que permiten equilibrar la seguridad con la facilidad de acceso, asegurando que las organizaciones puedan adoptar métodos adecuados a sus necesidades operativas y de cumplimiento.

Uno de los métodos de autenticación más tradicionales es el uso de contraseñas. Sin embargo, las contraseñas por sí solas no son una solución segura, ya que pueden ser fácilmente comprometidas mediante ataques de phishing, fuerza bruta o reutilización en múltiples servicios. Microsoft Entra ID ofrece herramientas para mejorar la seguridad de las contraseñas, como la imposición de políticas de complejidad, el bloqueo de contraseñas comunes y la detección de credenciales filtradas en bases de datos comprometidas. A pesar de estas medidas, muchas organizaciones buscan alternativas más seguras para reducir la dependencia de las contraseñas.

Una de las soluciones más efectivas es la autenticación multifactor (MFA), que agrega una capa adicional de seguridad al requerir un segundo factor de verificación además de la contraseña. En Entra ID, MFA puede configurarse para solicitar códigos de verificación enviados por SMS, llamadas telefónicas o notificaciones en la aplicación Microsoft Authenticator. También es posible utilizar claves de seguridad físicas basadas en estándares como FIDO2, que ofrecen un nivel de protección superior al eliminar la necesidad de introducir contraseñas.

Para organizaciones que buscan mejorar la experiencia del usuario sin comprometer la seguridad, Entra ID admite autenticación sin contraseña. Esta opción permite a los usuarios iniciar sesión utilizando métodos biométricos como Windows Hello for Business, claves de seguridad FIDO2 o códigos de autenticación enviados a dispositivos móviles. La autenticación sin contraseña no solo mejora la seguridad al eliminar uno de los vectores de ataque más comunes, sino que también reduce la carga administrativa relacionada con la gestión de restablecimientos de contraseñas y soporte técnico.

Otra funcionalidad avanzada de Entra ID es la autenticación condicional, que permite establecer reglas dinámicas para determinar cuándo y cómo los usuarios deben autenticarse. Con el uso de señales como la ubicación, el dispositivo utilizado y el nivel de riesgo de una sesión, las organizaciones pueden aplicar requisitos de autenticación más estrictos solo cuando sea necesario. Por ejemplo, un usuario que intente acceder a una aplicación desde un dispositivo desconocido puede ser obligado a completar MFA antes de obtener acceso, mientras que un usuario en un entorno seguro y conocido puede autenticarse sin pasos adicionales.

El acceso basado en riesgos es otra característica clave dentro de las opciones de autenticación de Entra ID. Utilizando inteligencia artificial y aprendizaje automático, Microsoft Entra ID analiza el comportamiento del usuario y detecta anomalías que pueden indicar intentos de acceso no autorizados. Cuando se detecta una actividad sospechosa, el sistema puede exigir autenticación adicional, bloquear el acceso o alertar a los administradores de seguridad. Esta funcionalidad es esencial para proteger cuentas de alto privilegio y minimizar el impacto de credenciales comprometidas.

Microsoft Entra ID también permite la federación de identidades, lo que significa que los usuarios pueden autenticarse utilizando credenciales de otros proveedores de identidad, como Google, Facebook o sistemas empresariales basados en SAML y OpenID Connect. Esto facilita la gestión de identidades en escenarios de colaboración empresarial y acceso a aplicaciones de terceros sin necesidad de crear cuentas adicionales en Entra ID.

La integración con dispositivos es otro aspecto relevante dentro de las opciones de autenticación. Entra ID permite la inscripción y administración de dispositivos a través de Microsoft Intune, lo que facilita la aplicación de políticas de acceso seguro. Por ejemplo, los administradores pueden requerir que solo dispositivos corporativos o registrados puedan autenticarse en ciertos servicios, reduciendo el riesgo de accesos no autorizados desde dispositivos personales o comprometidos.

El avance hacia un modelo de identidad sin fronteras ha llevado a muchas organizaciones a adoptar estrategias de seguridad basadas en el enfoque Zero Trust. Dentro de este marco, la autenticación continua y adaptativa desempeña un papel crucial en la validación de identidades. Entra ID permite la implementación de este enfoque al evaluar constantemente el nivel de riesgo de cada sesión e implementar medidas de autenticación adicionales cuando sea necesario.

Las opciones de autenticación de Entra ID ofrecen un equilibrio entre seguridad y usabilidad, permitiendo a las organizaciones adoptar métodos que se ajusten a sus necesidades y niveles de riesgo. A medida que las amenazas cibernéticas evolucionan, contar con un sistema de autenticación flexible y robusto se vuelve esencial para proteger los recursos corporativos y garantizar una experiencia de usuario fluida y segura.

Configuración de políticas de acceso condicional

La seguridad en el acceso a los recursos digitales de una organización es un aspecto fundamental en la administración de identidades y accesos. Microsoft Entra ID ofrece un mecanismo avanzado para reforzar la protección de identidades mediante las políticas de acceso condicional. Estas políticas permiten a los administradores definir reglas que determinan bajo qué condiciones un usuario puede acceder a una aplicación o servicio, basándose en factores como la ubicación, el dispositivo utilizado o el nivel de riesgo detectado. Configurar adecuadamente estas políticas es esencial para reducir riesgos sin afectar la productividad de los usuarios.

Las políticas de acceso condicional funcionan evaluando señales en tiempo real cada vez que un usuario intenta autenticarse. Estas señales incluyen la dirección IP de origen, la pertenencia a grupos, el estado del dispositivo y los patrones de comportamiento del usuario. Con base en estos factores, las organizaciones pueden exigir autenticación multifactor, bloquear el acceso o limitar la disponibilidad de ciertos recursos. La implementación de estas reglas sigue el principio de Zero Trust, asumiendo que ninguna identidad o dispositivo es completamente confiable sin una verificación continua.

El primer paso para configurar políticas de acceso condicional en Entra ID es definir los criterios de activación. Los administradores pueden elegir entre una variedad de señales de acceso, como intentos de inicio de sesión desde ubicaciones sospechosas o dispositivos no administrados. Por ejemplo, si un usuario intenta conectarse desde una dirección IP inusual, la política puede exigir autenticación multifactor antes de permitir el acceso. Esta medida reduce la probabilidad de que credenciales robadas sean utilizadas sin autorización.

Otro criterio clave en la configuración es la evaluación del estado del dispositivo. Las empresas pueden establecer políticas que restrinjan el acceso a dispositivos que no estén registrados o que no cumplan con los requisitos de seguridad, como la presencia de antivirus actualizado o la aplicación de parches recientes. Si un usuario intenta acceder desde un dispositivo no administrado, la política puede bloquear la conexión o redirigirla a una versión limitada de la aplicación. Esto resulta especialmente útil en escenarios de trabajo remoto, donde los empleados pueden usar computadoras personales que no cumplen con las normativas corporativas.

Una vez definidos los criterios de activación, el siguiente paso es especificar las acciones que la política debe aplicar cuando se cumplan las condiciones establecidas. Entre las acciones más comunes se encuentra la exigencia de autenticación multifactor, que obliga al usuario a verificar su identidad con un segundo factor de autenticación. También se puede restringir el acceso a aplicaciones específicas, permitir solo conexiones desde redes internas o exigir el uso de dispositivos corporativos. La combinación de estas acciones permite adaptar la seguridad a diferentes niveles de riesgo.

Las políticas de acceso condicional también pueden configurarse para escenarios específicos, como la protección de cuentas con privilegios administrativos. Los administradores suelen ser objetivos de ataques debido a sus altos niveles de acceso, por lo que se recomienda aplicar medidas de seguridad más estrictas para estos usuarios. Una política adecuada podría requerir que los administradores inicien sesión solo desde dispositivos administrados y que completen autenticación multifactor en cada intento de acceso.

Otro uso estratégico de las políticas de acceso condicional es la segmentación de accesos según la ubicación geográfica. Si una empresa opera en regiones específicas, puede configurar reglas que bloqueen intentos de inicio de sesión desde países donde no tiene presencia. Alternativamente, si un usuario viaja con frecuencia, la política puede solicitar autenticación adicional al detectar accesos desde ubicaciones no habituales.

Además de definir políticas restrictivas, las organizaciones pueden aprovechar el acceso condicional para mejorar la experiencia del usuario. Por ejemplo, si un empleado accede desde un dispositivo de confianza dentro de la red corporativa, se puede permitir el inicio de sesión sin requerir autenticación adicional. Esto reduce la fricción en el acceso sin comprometer la seguridad.

Las políticas de acceso condicional deben ser monitoreadas y ajustadas periódicamente para garantizar su efectividad. Microsoft Entra ID proporciona herramientas de análisis que permiten a los administradores evaluar el impacto de las políticas antes de aplicarlas de manera generalizada. Mediante el uso de informes y registros de actividad, es posible identificar patrones de acceso anómalos y realizar ajustes en tiempo real para mejorar la seguridad.

El equilibrio entre seguridad y accesibilidad es clave en la configuración de estas políticas. Un enfoque demasiado restrictivo puede afectar la productividad de los usuarios, mientras que reglas demasiado permisivas pueden dejar vulnerabilidades explotables. La correcta implementación de políticas de acceso condicional en Entra ID permite reforzar la seguridad de la organización sin comprometer la experiencia del usuario, alineándose con las mejores prácticas en administración de identidades y accesos.

Implementación de la autenticación multifactor en Entra ID

La autenticación multifactor (MFA) es una de las estrategias de seguridad más efectivas para proteger las identidades digitales y reducir el riesgo de accesos no autorizados en los entornos empresariales. Microsoft Entra ID ofrece una implementación robusta de MFA que permite a las organizaciones fortalecer la seguridad sin afectar significativamente la experiencia del usuario. La activación de MFA en Entra ID es un paso clave en cualquier estrategia de protección de identidades y ayuda a prevenir ataques basados en robo de credenciales, phishing y accesos fraudulentos.

La autenticación multifactor en Entra ID funciona agregando un segundo método de verificación al proceso de inicio de sesión. En lugar de depender únicamente de una contraseña, los usuarios deben proporcionar un factor adicional, como un código enviado a su dispositivo móvil, una notificación en la aplicación Microsoft Authenticator o una clave de seguridad física compatible con FIDO2. Al combinar dos o más factores de autenticación, se reduce drásticamente la probabilidad de que un atacante pueda comprometer una cuenta, incluso si ha obtenido la contraseña del usuario.

El proceso de implementación de MFA en Entra ID comienza con la configuración de políticas adecuadas dentro del centro de administración. Microsoft ofrece diferentes formas de habilitar MFA en función de las necesidades de la organización. Se puede activar de manera obligatoria para todos los usuarios o aplicar políticas de acceso condicional para exigir MFA solo en determinadas situaciones, como intentos de inicio de sesión desde dispositivos desconocidos o ubicaciones inusuales.

Uno de los métodos más recomendados para la autenticación multifactor es el uso de la aplicación Microsoft Authenticator. Esta aplicación permite a los usuarios aprobar solicitudes de inicio de sesión con un solo toque o generar códigos de verificación que cambian cada 30 segundos. Su ventaja principal radica en que elimina la necesidad de recibir mensajes SMS o llamadas telefónicas, métodos que pueden ser vulnerables a ataques como el SIM swapping o la interceptación de señales móviles.

Las organizaciones que deseen un nivel de seguridad aún mayor pueden implementar claves de seguridad FIDO2, que permiten autenticación sin contraseña y reducen la exposición a ataques basados en credenciales. Estas claves físicas requieren presencia física para completar la autenticación, lo que las convierte en una opción ideal para proteger cuentas con privilegios elevados o información altamente sensible.

Una de las características avanzadas de Entra ID es la capacidad de aplicar MFA de manera adaptativa utilizando políticas de acceso condicional. En lugar de requerir autenticación multifactor en cada inicio de sesión, se pueden definir reglas para activarla solo cuando el riesgo lo amerite. Por ejemplo, si un usuario inicia sesión desde su dispositivo habitual en la oficina, se le puede permitir el acceso sin pasos adicionales. Sin embargo, si intenta conectarse desde un país diferente o un dispositivo no registrado, se puede exigir MFA para garantizar que la identidad no haya sido comprometida.

Para facilitar la adopción de MFA en una organización, es fundamental comunicar a los usuarios la importancia de esta medida de seguridad y proporcionarles una experiencia de configuración sencilla. Microsoft Entra ID ofrece opciones de inscripción en autoservicio, lo que permite a los empleados configurar MFA en sus cuentas sin intervención del departamento de TI. Durante este proceso, los usuarios pueden elegir entre varios métodos de autenticación según sus preferencias y disponibilidad.

El monitoreo y la administración continua de MFA también son aspectos clave de su implementación. Microsoft Entra ID proporciona herramientas para supervisar eventos de autenticación, detectar intentos fallidos y generar alertas sobre actividades sospechosas. Los administradores pueden acceder a informes detallados sobre el uso de MFA y ajustar las políticas según sea necesario para equilibrar seguridad y facilidad de uso.

Además, para reducir el impacto en la productividad de los empleados, Entra ID permite el uso de autenticación multifactor sin fricción en dispositivos de confianza. Si un usuario ha iniciado sesión en un equipo corporativo administrado y cumple con las políticas de seguridad establecidas, puede omitir el segundo factor de autenticación en futuras sesiones dentro de un período determinado. Esto minimiza las interrupciones sin comprometer la seguridad del entorno.

Microsoft también ofrece soluciones para implementar autenticación multifactor en entornos híbridos donde coexisten Active Directory local y Entra ID. Mediante Azure AD Connect y la integración con Windows Hello for Business, las organizaciones pueden extender MFA a recursos locales y mejorar la seguridad de aplicaciones tradicionales que no fueron diseñadas para autenticación en la nube.

La activación de MFA en Entra ID es una de las mejores prácticas en ciberseguridad y se ha convertido en un requisito fundamental para cumplir con regulaciones como GDPR, HIPAA y NIST. A medida que las amenazas evolucionan y los ataques a credenciales se vuelven más sofisticados, contar con un sistema de autenticación basado en múltiples factores es una necesidad crítica para proteger los datos y los recursos empresariales.

Trabajo con la Protección de Identidad de Entra ID

Microsoft Entra ID proporciona un conjunto de herramientas avanzadas para la gestión y protección de identidades dentro de una organización. Entre sus capacidades más relevantes se encuentra la Protección de Identidad, un servicio diseñado para detectar, prevenir y mitigar amenazas relacionadas con cuentas de usuario comprometidas. A medida que los ataques cibernéticos evolucionan, las empresas necesitan mecanismos de defensa inteligentes que permitan identificar actividades sospechosas en tiempo real y tomar medidas correctivas de forma automatizada.

La Protección de Identidad de Entra ID utiliza inteligencia artificial y aprendizaje automático para analizar patrones de inicio de sesión, comportamiento del usuario y señales de riesgo que puedan indicar un intento de compromiso de cuenta. Este servicio clasifica los riesgos en diferentes niveles, desde inicios de sesión desde ubicaciones inusuales hasta la detección de credenciales filtradas en la web. Al identificar estos riesgos, la plataforma puede aplicar políticas de seguridad que mitiguen la posibilidad de un acceso no autorizado.

Uno de los principales componentes de la Protección de Identidad es la evaluación del riesgo de inicio de sesión. Cada vez que un usuario intenta autenticarse en un sistema protegido por Entra ID, la plataforma analiza múltiples factores para determinar si la solicitud de acceso es legítima. Por ejemplo, si un usuario que normalmente inicia sesión desde España de repente intenta acceder desde un país en el que nunca ha estado, la solicitud puede ser clasificada como sospechosa. En estos casos, la plataforma puede exigir autenticación multifactor (MFA) adicional o incluso bloquear el intento de acceso hasta que un administrador revise el incidente.

Otro aspecto clave es la detección de riesgos en cuentas de usuario. Entra ID puede identificar credenciales filtradas en bases de datos comprometidas y alertar a los administradores para que tomen medidas inmediatas. Si una cuenta es detectada en listas de credenciales robadas en la dark web, el sistema puede forzar un restablecimiento de contraseña o bloquear temporalmente la cuenta para evitar un acceso indebido. Esta funcionalidad es esencial en la protección contra ataques basados en credenciales reutilizadas, una táctica común en la que los ciberdelincuentes prueban combinaciones de usuario y contraseña obtenidas de filtraciones previas.

Para administrar los riesgos detectados, la Protección de Identidad de Entra ID permite la configuración de políticas automatizadas. Estas políticas pueden aplicarse de manera granular, dependiendo del nivel de riesgo identificado. Un inicio de sesión desde una ubicación desconocida podría simplemente requerir autenticación multifactor adicional, mientras que una cuenta comprometida confirmada podría ser bloqueada de inmediato y requerir una verificación manual. Este enfoque flexible garantiza que la seguridad no se vuelva una barrera para la productividad, ya que solo los eventos de alto riesgo desencadenan medidas estrictas.

El monitoreo continuo de riesgos es otra funcionalidad esencial de este servicio. A través de paneles de control detallados, los administradores pueden revisar métricas en tiempo real sobre intentos de acceso sospechosos, cuentas potencialmente comprometidas y patrones de autenticación inusuales. Estos informes permiten tomar decisiones informadas sobre cómo mejorar la postura de seguridad de la organización, ajustando políticas y reforzando controles de acceso donde sea necesario.

Además de la detección y mitigación automática de riesgos, Entra ID proporciona herramientas para la educación y concienciación de los usuarios. Una de las estrategias más efectivas para reducir el riesgo de compromiso de cuentas es entrenar a los empleados sobre buenas prácticas de seguridad, como la importancia de utilizar contraseñas únicas y la identificación de intentos de phishing. Microsoft ofrece capacidades de seguridad adaptativa, que pueden informar a los usuarios cuando su comportamiento de autenticación genera señales de riesgo, fomentando así una cultura de seguridad dentro de la organización.

Para integrar la Protección de Identidad dentro de una estrategia de seguridad más amplia, las organizaciones pueden combinarla con otras soluciones de Microsoft, como Defender for Identity y Sentinel. Estas integraciones permiten correlacionar eventos de identidad con otras señales de seguridad, proporcionando una visión holística del estado de la ciberseguridad empresarial. Por ejemplo, un intento de inicio de sesión sospechoso podría investigarse en el contexto de un ataque de ransomware en curso, permitiendo a los equipos de seguridad responder de manera más efectiva.

La Protección de Identidad en Entra ID no solo fortalece la seguridad de las credenciales de los usuarios, sino que también reduce la carga administrativa al automatizar respuestas a incidentes comunes. En lugar de depender exclusivamente de la intervención humana para identificar y bloquear cuentas comprometidas, el sistema puede tomar medidas preventivas basadas en datos en tiempo real, mejorando significativamente la eficiencia de los equipos de seguridad.

A medida que los ciberdelincuentes desarrollan técnicas más sofisticadas para explotar vulnerabilidades en las identidades digitales, contar con una solución como la Protección de Identidad de Entra ID se vuelve indispensable. Este servicio permite a las organizaciones adoptar un enfoque proactivo ante las amenazas, garantizando que las cuentas de usuario permanezcan seguras sin afectar la productividad. Con una combinación de inteligencia artificial, automatización y estrategias de respuesta adaptativas, las empresas pueden minimizar riesgos y proteger sus recursos digitales de manera efectiva.

Restablecimiento y recuperación de contraseñas en autoservicio

El restablecimiento y la recuperación de contraseñas en autoservicio es una funcionalidad clave dentro de Microsoft Entra ID que permite a los usuarios recuperar el acceso a sus cuentas sin necesidad de intervención del departamento de TI. Esta capacidad no solo mejora la experiencia del usuario, sino que también reduce la carga administrativa al disminuir la cantidad de solicitudes de restablecimiento de contraseña que deben ser atendidas manualmente. La implementación de un sistema de recuperación eficiente es esencial para mantener la continuidad operativa y reforzar la seguridad de la organización.

El mecanismo de restablecimiento en autoservicio de Entra ID está diseñado para garantizar que solo los usuarios legítimos puedan restablecer sus contraseñas. Para ello, se requiere que los usuarios registren previamente métodos de verificación, como la autenticación multifactor (MFA), preguntas de seguridad o direcciones de correo electrónico alternativas. Una vez configurado, el sistema permite que los usuarios restablezcan sus contraseñas de manera rápida y segura, sin depender de administradores de TI o mesas de ayuda.

Para activar el restablecimiento de contraseña en autoservicio, los administradores deben habilitar la funcionalidad desde el portal de Entra ID y definir las políticas de verificación. Microsoft ofrece múltiples opciones para validar la identidad del usuario antes de permitir el restablecimiento de su contraseña. Estas incluyen la confirmación a través de un código enviado por SMS o correo electrónico, el uso de la aplicación Microsoft Authenticator o la validación mediante preguntas de seguridad previamente configuradas.

Uno de los aspectos más importantes en la configuración del autoservicio es la definición de requisitos de seguridad adecuados. Las organizaciones pueden establecer cuántos métodos de autenticación son necesarios para restablecer una contraseña. Por ejemplo, una política estricta podría requerir dos métodos diferentes de verificación para evitar intentos de suplantación de identidad. Este enfoque refuerza la seguridad y reduce el riesgo de accesos no autorizados.

El proceso de inscripción de los usuarios en el sistema de recuperación es crucial para garantizar una adopción efectiva. Microsoft Entra ID permite forzar el registro de métodos de autenticación al momento del inicio de sesión, asegurando que todos los empleados cuenten con opciones para recuperar su cuenta en caso de olvido de la contraseña. Además, los administradores pueden monitorear qué usuarios han completado el registro y enviar recordatorios a aquellos que aún no han configurado sus opciones de recuperación.

El autoservicio no solo es beneficioso para los usuarios finales, sino que también optimiza la administración de TI. Al reducir la dependencia del soporte técnico para tareas rutinarias como el restablecimiento de contraseñas, el equipo de TI puede enfocarse en actividades estratégicas y en la mejora de la infraestructura de seguridad. Las métricas de uso de Entra ID permiten evaluar el impacto de esta funcionalidad, proporcionando datos sobre cuántos restablecimientos se han realizado y qué métodos de verificación han sido más utilizados.

Además del autoservicio, Entra ID permite a los administradores definir políticas de expiración y complejidad de contraseñas para reforzar la seguridad. Dependiendo de los requisitos de la organización, se pueden establecer reglas como la longitud mínima de la contraseña, la inclusión de caracteres especiales y la prohibición de contraseñas previamente utilizadas. Estas medidas previenen el uso de credenciales débiles y reducen el riesgo de ataques de fuerza bruta.

El restablecimiento de contraseñas también puede integrarse con soluciones de identidad híbrida. En entornos donde se utiliza Active Directory local, Microsoft proporciona Azure AD Password Writeback, una función que permite sincronizar los cambios de contraseña realizados en la nube con los servidores locales. Esto garantiza que los usuarios puedan restablecer sus contraseñas en autoservicio y seguir utilizándolas en aplicaciones y sistemas locales sin interrupciones.

El monitoreo de eventos relacionados con el restablecimiento de contraseñas es otro aspecto fundamental para la seguridad. Microsoft

Entra ID genera registros detallados de todas las solicitudes de recuperación, incluyendo información sobre quién solicitó el cambio, qué métodos de autenticación se utilizaron y si el intento fue exitoso o bloqueado por políticas de seguridad. Estos registros permiten a los administradores identificar actividades sospechosas y tomar medidas preventivas en caso de intentos de acceso fraudulentos.

Garantizar que los usuarios comprendan cómo utilizar el autoservicio es clave para su éxito. La capacitación y la comunicación juegan un papel esencial en la adopción de esta funcionalidad. Las empresas pueden proporcionar guías y tutoriales sobre cómo configurar los métodos de recuperación y qué pasos seguir en caso de olvidar la contraseña. Un enfoque educativo reduce la resistencia al cambio y mejora la eficacia del sistema de autoservicio.

El restablecimiento y la recuperación de contraseñas en autoservicio es una solución eficaz para mejorar la seguridad y la operatividad en entornos empresariales. Su correcta implementación permite reducir costos administrativos, fortalecer la protección de las cuentas de usuario y ofrecer una experiencia más ágil y segura para los empleados. La combinación de autenticación multifactor, políticas de seguridad bien definidas y monitoreo continuo asegura que esta funcionalidad cumpla con los más altos estándares de protección de identidad.

Integración de identidades locales con Azure AD Connect

Las organizaciones que operan con infraestructuras de TI híbridas requieren una solución efectiva para gestionar identidades tanto en entornos locales como en la nube. Microsoft Entra ID, anteriormente conocido como Azure Active Directory (Azure AD), permite esta integración mediante Azure AD Connect, una herramienta diseñada para sincronizar y administrar identidades entre Active Directory (AD) local y los servicios en la nube de Microsoft. Esta integración es clave para garantizar una transición fluida hacia modelos híbridos y facilitar el acceso unificado a los recursos empresariales.

Azure AD Connect permite a las empresas sincronizar cuentas de usuario, grupos y atributos desde un dominio local de Active Directory a Entra ID. Esto significa que los empleados pueden utilizar las mismas credenciales para acceder a aplicaciones locales y servicios en la nube, como Microsoft 365 y otras soluciones SaaS. Además de mejorar la experiencia del usuario, esta integración reduce la carga administrativa de los equipos de TI al eliminar la necesidad de gestionar múltiples conjuntos de credenciales.

El proceso de integración con Azure AD Connect comienza con la instalación y configuración de la herramienta en un servidor dentro del entorno local. Durante este proceso, los administradores pueden seleccionar el método de sincronización más adecuado según las necesidades de la organización. Uno de los métodos más comunes es la sincronización de hash de contraseñas (PHS), que permite a los usuarios iniciar sesión en la nube utilizando las mismas contraseñas que en el entorno local sin necesidad de reenviar solicitudes de autenticación a Active Directory. Esta opción ofrece un equilibrio entre seguridad y facilidad de implementación, ya que almacena versiones cifradas de las contraseñas en Entra ID sin necesidad de una infraestructura adicional.

Otra opción popular es la autenticación directa (Pass-Through Authentication, PTA), que permite la validación de credenciales directamente en Active Directory en lugar de almacenarlas en Entra ID. En este modelo, cuando un usuario intenta iniciar sesión en un servicio en la nube, Azure AD Connect envía la solicitud al servidor local de AD para autenticar al usuario en tiempo real. Esta opción es ideal para organizaciones con estrictos requisitos de seguridad que prefieren mantener el control total sobre el proceso de autenticación.

Para empresas que requieren un inicio de sesión unificado sin necesidad de ingresar credenciales repetidamente, Azure AD Connect también admite la federación de identidades mediante Active Directory Federation Services (AD FS). Este método permite a las organizaciones implementar autenticación basada en tokens y configurar políticas avanzadas de acceso condicional. Sin embargo, requiere una infraestructura adicional, lo que puede aumentar la complejidad de la implementación.

Independientemente del método de autenticación elegido, Azure AD Connect ofrece sincronización bidireccional, lo que permite reflejar cambios realizados en el directorio local en Entra ID y viceversa. Esto garantiza que cualquier modificación en atributos de usuario, como direcciones de correo electrónico o asignaciones de grupo, se actualicen automáticamente en ambos entornos sin intervención manual.

Además de la sincronización de identidades, Azure AD Connect incluye opciones avanzadas de filtrado para controlar qué objetos deben replicarse en la nube. Los administradores pueden definir filtros basados en atributos, unidades organizativas (OU) o grupos específicos, lo que resulta útil en escenarios donde no todas las cuentas de usuario o dispositivos locales necesitan acceso a servicios en la nube.

La seguridad es un aspecto clave en la integración de identidades locales con Entra ID. Azure AD Connect ofrece herramientas para supervisar la salud del servicio y detectar problemas de sincronización en tiempo real. A través del Azure AD Connect Health, los administradores pueden recibir alertas sobre errores de replicación, fallos de autenticación o problemas de conectividad, permitiendo una rápida resolución de incidentes antes de que afecten a los usuarios finales.

Otro beneficio importante de la integración es la capacidad de aplicar políticas de acceso condicional en la nube basadas en la identidad sincronizada desde Active Directory. Esto permite a las organizaciones establecer reglas para restringir accesos en función de la ubicación, el dispositivo o el nivel de riesgo de la sesión, reforzando la postura de seguridad sin afectar la usabilidad.

A medida que más empresas adoptan modelos de trabajo híbrido, contar con una solución de identidad integrada se vuelve esencial para garantizar un acceso seguro y eficiente a los recursos corporativos. Azure AD Connect facilita esta transición al proporcionar una gestión unificada de identidades, reduciendo la complejidad operativa y mejorando la seguridad en entornos híbridos.

Uso de Entra ID para escenarios de identidad híbrida

Las organizaciones modernas operan en entornos donde la identidad digital se distribuye entre sistemas locales y servicios en la nube. Microsoft Entra ID proporciona una solución robusta para la gestión de identidades híbridas, permitiendo que los usuarios accedan de manera segura a los recursos empresariales, sin importar su ubicación o el dispositivo que utilicen. La adopción de un modelo de identidad híbrida facilita la transición a la nube, mejora la seguridad y optimiza la administración de accesos en empresas que dependen de Active Directory (AD) local, pero que también utilizan aplicaciones y servicios en la nube.

El modelo de identidad híbrida permite a las empresas extender su infraestructura de Active Directory a Microsoft Entra ID, ofreciendo una experiencia de autenticación unificada. Esto significa que los usuarios pueden acceder a Microsoft 365, aplicaciones SaaS y recursos locales con las mismas credenciales, eliminando la necesidad de gestionar múltiples inicios de sesión y reduciendo la carga administrativa del departamento de TI.

Para habilitar la identidad híbrida, Microsoft proporciona Azure AD Connect, una herramienta que sincroniza cuentas de usuario, contraseñas y otros atributos entre el directorio local y Entra ID. Esta sincronización garantiza que cualquier cambio realizado en Active Directory, como la creación, modificación o eliminación de usuarios, se refleje automáticamente en la nube. Además, Azure AD Connect ofrece opciones de autenticación que permiten a las organizaciones elegir cómo desean validar los accesos de los usuarios.

Uno de los métodos más utilizados en entornos híbridos es la sincronización de hash de contraseñas (PHS), que replica versiones cifradas de las contraseñas en Entra ID. Este enfoque permite a los usuarios autenticarse en la nube utilizando sus credenciales locales sin necesidad de una infraestructura adicional. Es una opción sencilla y segura que minimiza la dependencia de los servidores de Active Directory para la autenticación.

Para las organizaciones que prefieren mantener la autenticación centralizada en su entorno local, Microsoft ofrece la autenticación directa (PTA), que permite validar credenciales en tiempo real a través de Active Directory sin almacenar contraseñas en la nube. En este caso, cuando un usuario intenta iniciar sesión en un servicio en la nube, la solicitud se reenvía a los controladores de dominio locales para su verificación. Este método proporciona mayor control sobre el proceso de autenticación y es ideal para empresas con requisitos de cumplimiento estrictos.

En escenarios donde se requiere un nivel adicional de seguridad y flexibilidad, las organizaciones pueden optar por la federación de identidades mediante Active Directory Federation Services (AD FS). Este modelo utiliza autenticación basada en tokens para permitir el acceso a múltiples aplicaciones sin necesidad de volver a ingresar credenciales. Aunque AD FS ofrece beneficios en términos de control y personalización, su implementación es más compleja, ya que requiere infraestructura adicional y mantenimiento continuo.

Más allá de la autenticación, la identidad híbrida con Entra ID permite implementar políticas avanzadas de acceso condicional. Estas políticas garantizan que solo los usuarios legítimos puedan acceder a los recursos corporativos, aplicando controles basados en la ubicación, el dispositivo o el nivel de riesgo detectado. Por ejemplo, si un usuario intenta conectarse desde una red no confiable, se puede requerir autenticación multifactor (MFA) antes de conceder el acceso.

Otra ventaja de la identidad híbrida es la posibilidad de administrar dispositivos de manera centralizada. Microsoft Entra ID permite registrar y administrar dispositivos Windows, macOS y móviles, asegurando que solo aquellos que cumplen con las políticas de seguridad de la empresa puedan acceder a los sistemas corporativos. Además, la integración con Microsoft Intune permite aplicar configuraciones de seguridad, proteger datos empresariales y gestionar dispositivos de manera remota.

Para mejorar la resiliencia y la disponibilidad, Entra ID ofrece funcionalidades de acceso híbrido, permitiendo a los usuarios seguir operando incluso si los servidores de Active Directory locales experimentan interrupciones. Esto se logra mediante el uso de caché de credenciales y autenticación en la nube, lo que garantiza que los empleados puedan continuar accediendo a sus aplicaciones sin interrupciones.

La adopción de una estrategia de identidad híbrida con Microsoft Entra ID brinda múltiples beneficios, como una autenticación unificada, mayor seguridad, reducción de costos administrativos y una mejor experiencia para los usuarios. A medida que las organizaciones avanzan en su transformación digital, contar con una infraestructura de identidad híbrida bien diseñada es clave para garantizar el acceso seguro a los recursos, sin importar dónde se encuentren los usuarios o qué dispositivos utilicen.

Administración de acceso de invitados y colaboración externa

En un entorno empresarial moderno, la colaboración con usuarios externos como socios, proveedores y clientes es una necesidad constante. Microsoft Entra ID permite a las organizaciones gestionar de manera segura el acceso de invitados a sus recursos mediante su funcionalidad de colaboración externa. A través de esta solución, las empresas pueden compartir aplicaciones, documentos y servicios con usuarios fuera de su dominio sin comprometer la seguridad ni la integridad de sus datos.

El acceso de invitados en Entra ID se basa en el modelo de identidad federada, lo que significa que los usuarios externos pueden autenticarse utilizando sus propias credenciales de identidad, sin necesidad de que la organización cree y administre cuentas adicionales. Esto facilita la integración con servicios como Microsoft 365, SharePoint, Teams y otras aplicaciones empresariales. Además, este enfoque reduce la carga administrativa al eliminar la necesidad de administrar manualmente el ciclo de vida de los invitados dentro del directorio de la empresa.

Cuando una organización decide habilitar el acceso de invitados en Entra ID, el primer paso es configurar políticas de invitación que definan quién puede invitar a usuarios externos y qué permisos pueden recibir. Estas políticas permiten a los administradores controlar si solo ciertos grupos de empleados pueden enviar invitaciones o si todos los usuarios tienen la capacidad de hacerlo. También es posible aplicar restricciones basadas en dominios, lo que impide la incorporación de cuentas de ciertos proveedores de identidad si se considera un riesgo de seguridad.

Una vez invitados, los usuarios externos reciben un enlace para completar su registro y autenticarse en el sistema. Entra ID permite varias opciones de autenticación, incluyendo el uso de cuentas personales de Microsoft, credenciales de organizaciones federadas o autenticación basada en redes sociales como Google y Facebook. Si la organización lo requiere, se puede aplicar autenticación multifactor (MFA) a los invitados para reforzar la seguridad de los accesos.

Uno de los principales desafíos en la administración del acceso de invitados es garantizar que solo tengan acceso a los recursos necesarios y que sus permisos sean revocados cuando ya no los requieran. Para ello, Entra ID permite asignar roles y permisos específicos a los invitados, asegurando que solo puedan interactuar con la información y las aplicaciones relevantes para su función. Además, mediante la funcionalidad de revisiones de acceso, los administradores pueden establecer revisiones periódicas para verificar si los invitados aún necesitan acceso o si deben ser eliminados del directorio.

Otra característica clave de la colaboración externa en Entra ID es la posibilidad de aplicar políticas de acceso condicional. Estas políticas permiten definir reglas que condicionan el acceso de los invitados según factores como la ubicación, el dispositivo utilizado o el nivel de riesgo de la sesión. Por ejemplo, si un usuario externo intenta acceder desde una ubicación no habitual, se puede exigir autenticación multifactor antes de concederle acceso a los recursos compartidos.

Microsoft Entra ID también ofrece opciones avanzadas de auditoría y monitoreo para el acceso de invitados. Los administradores pueden revisar registros de actividad para identificar intentos de acceso sospechosos o detectar posibles vulnerabilidades. Además, es posible recibir alertas en tiempo real sobre actividades anómalas, lo que permite tomar medidas proactivas para proteger los datos de la organización.

En entornos donde se requiere un mayor nivel de control sobre los invitados, Entra ID permite la integración con Microsoft Purview y otras herramientas de cumplimiento normativo. Estas soluciones permiten aplicar políticas de retención de datos, protección contra pérdida de información (DLP) y cifrado de documentos, garantizando que los datos compartidos con usuarios externos cumplan con las regulaciones de seguridad y privacidad de la organización.

El acceso de invitados en Entra ID es una solución flexible y segura para fomentar la colaboración sin comprometer la seguridad. Su implementación permite a las organizaciones establecer un equilibrio entre accesibilidad y control, asegurando que los usuarios externos puedan participar en los procesos empresariales sin generar riesgos innecesarios. Al combinar autenticación segura, control granular de permisos y monitoreo continuo, las empresas pueden optimizar su estrategia de gestión de identidades y mejorar la eficiencia de su ecosistema digital.

Protección de aplicaciones con registros de aplicaciones de Entra ID

La seguridad de las aplicaciones empresariales es un aspecto fundamental en la administración de identidades y accesos. Microsoft Entra ID proporciona un mecanismo robusto para gestionar y proteger aplicaciones mediante los registros de aplicaciones, asegurando que solo usuarios y servicios autorizados puedan interactuar con ellas. La correcta configuración de estos registros no solo mejora la seguridad, sino que también facilita la administración de permisos y el control del acceso a los datos.

El registro de una aplicación en Entra ID es el primer paso para integrarla con los servicios de identidad de Microsoft. Este proceso permite a la organización definir cómo la aplicación interactuará con Entra ID, qué permisos requerirá y qué métodos de autenticación utilizará. Cada aplicación registrada recibe una identidad única en el directorio, lo que le permite autenticarse de forma segura y solicitar acceso a recursos protegidos.

Una de las ventajas clave de los registros de aplicaciones es su capacidad para admitir múltiples métodos de autenticación, incluyendo OpenID Connect y OAuth 2.0. Estas tecnologías permiten a los usuarios iniciar sesión en aplicaciones sin necesidad de almacenar credenciales dentro de la aplicación misma, reduciendo el riesgo de exposición de datos sensibles. Al delegar la autenticación a Entra ID, las aplicaciones pueden beneficiarse de las características de seguridad avanzadas de la plataforma, como la autenticación multifactor y el acceso condicional.

El control de permisos es otro aspecto crucial en la gestión de aplicaciones registradas. Entra ID permite definir qué permisos necesita una aplicación para acceder a recursos específicos, aplicando el principio de privilegios mínimos. Esto significa que cada aplicación solo debe tener acceso a la información estrictamente necesaria para su funcionamiento, minimizando el impacto en caso de que una credencial de aplicación sea comprometida.

Los registros de aplicaciones también facilitan la integración con APIs protegidas por Entra ID. Por ejemplo, una aplicación puede solicitar acceso a la API de Microsoft Graph para leer o modificar datos dentro de un entorno Microsoft 365. Para garantizar que solo las aplicaciones autorizadas puedan interactuar con estas APIs, Entra ID permite la asignación de permisos explícitos y la configuración de políticas de acceso basadas en roles.

Además de la seguridad en el acceso, Entra ID proporciona herramientas para monitorear y auditar el comportamiento de las aplicaciones registradas. Los administradores pueden revisar registros de actividad para identificar patrones de uso sospechosos, detectar intentos de acceso no autorizados y aplicar controles adicionales cuando sea necesario. Este nivel de visibilidad ayuda a prevenir incidentes de seguridad y a garantizar el cumplimiento de políticas corporativas.

Para proteger aún más las aplicaciones registradas, Entra ID permite el uso de credenciales seguras para la autenticación de servicios. En lugar de depender de contraseñas estáticas, las organizaciones pueden configurar certificados o claves de cliente que ofrecen mayor seguridad y reducen el riesgo de exposición de credenciales. Estas credenciales pueden ser gestionadas de manera centralizada dentro de Entra ID, permitiendo su rotación automática y minimizando la posibilidad de compromisos.

La automatización de la gestión de registros de aplicaciones es otro beneficio importante de Entra ID. Mediante Microsoft Graph API y PowerShell, los administradores pueden crear, actualizar y eliminar registros de aplicaciones de forma programática, asegurando una administración escalable y eficiente. Esta capacidad es especialmente útil en entornos donde se gestionan múltiples aplicaciones y donde los cambios en permisos y configuraciones deben aplicarse de manera rápida y consistente.

El uso de registros de aplicaciones en Entra ID permite a las organizaciones proteger sus aplicaciones y servicios en la nube con un enfoque centrado en la identidad. Al combinar autenticación segura, control granular de permisos y herramientas avanzadas de monitoreo, las empresas pueden mitigar riesgos y garantizar que sus aplicaciones operen dentro de un entorno seguro y bien administrado.

Uso del Proxy de Aplicaciones de Entra ID

El acceso seguro a aplicaciones locales es un desafío constante para las organizaciones que operan en entornos híbridos. Microsoft Entra ID ofrece el Proxy de Aplicaciones como una solución eficaz para permitir el acceso remoto a aplicaciones locales sin necesidad de exponerlas directamente a internet. Esta funcionalidad permite a los usuarios autenticarse con Entra ID y acceder a aplicaciones corporativas desde cualquier lugar, sin requerir redes privadas virtuales (VPN) ni configuraciones complejas de infraestructura.

El Proxy de Aplicaciones de Entra ID actúa como un intermediario seguro entre los usuarios y las aplicaciones locales. Se compone de dos elementos principales: un conector instalado en la red interna de la organización y el servicio de proxy en la nube de Entra ID. El conector se encarga de establecer una conexión segura entre la aplicación local y la nube, mientras que el servicio de proxy gestiona las solicitudes de acceso de los usuarios autenticados. Este modelo elimina la necesidad de abrir puertos en el firewall y reduce significativamente la superficie de ataque de la infraestructura local.

Uno de los principales beneficios del Proxy de Aplicaciones es su integración nativa con las capacidades de autenticación de Entra ID. Esto significa que las organizaciones pueden aplicar autenticación multifactor (MFA), acceso condicional y otros controles de seguridad antes de permitir el acceso a las aplicaciones locales. Si una empresa ya utiliza Entra ID para gestionar accesos a aplicaciones en la nube, el Proxy de Aplicaciones permite extender estas mismas políticas de seguridad a los sistemas on-premises sin modificaciones significativas.

La configuración del Proxy de Aplicaciones comienza con la instalación del conector en un servidor dentro de la red corporativa. Este conector no requiere configuraciones de puerta de enlace inversa ni cambios en la infraestructura existente, ya que utiliza conexiones salientes seguras a través de HTTPS. Una vez instalado, los administradores pueden registrar aplicaciones locales en Entra ID y definir las reglas de acceso adecuadas para cada una.

Además de proporcionar acceso seguro a usuarios internos, el Proxy de Aplicaciones también permite la colaboración externa. Empresas que necesitan compartir aplicaciones con socios o clientes pueden aprovechar esta funcionalidad para proporcionar acceso sin necesidad de crear cuentas adicionales o abrir su infraestructura local a redes externas. El acceso condicional y la autenticación federada garantizan que solo los usuarios autorizados puedan acceder a los recursos compartidos.

Otra ventaja del Proxy de Aplicaciones es su compatibilidad con el inicio de sesión único (SSO). Esto permite que los usuarios accedan a aplicaciones locales sin necesidad de ingresar credenciales adicionales, mejorando la experiencia del usuario y reduciendo la fatiga de contraseñas. Las organizaciones pueden configurar el Proxy de Aplicaciones para delegar la autenticación a Entra ID o utilizar autenticación basada en encabezados HTTP, según las necesidades de cada aplicación.

El monitoreo y la auditoría son aspectos clave en la administración del Proxy de Aplicaciones. Microsoft Entra ID proporciona registros detallados de intentos de acceso, incluyendo información sobre la ubicación del usuario, el dispositivo utilizado y el nivel de riesgo de la sesión. Esto permite a los administradores detectar intentos de acceso sospechosos y aplicar medidas de seguridad en tiempo real.

La combinación del Proxy de Aplicaciones con otras soluciones de seguridad, como Microsoft Defender for Identity, proporciona una protección adicional contra amenazas avanzadas. Las organizaciones pueden detectar anomalías en el comportamiento de los usuarios y responder rápidamente a posibles incidentes de seguridad.

Para empresas que buscan modernizar su infraestructura sin comprometer la seguridad, el Proxy de Aplicaciones de Entra ID representa una solución eficiente y flexible. Su capacidad para proporcionar acceso seguro a aplicaciones locales sin la complejidad de VPNs ni cambios en la arquitectura de red lo convierte en una opción ideal para organizaciones en transición hacia un modelo de identidad basado en la nube.

Colaboración B2B con Entra ID explicada

Las empresas modernas operan en entornos interconectados donde la colaboración con socios, proveedores y clientes es esencial para la eficiencia operativa. Microsoft Entra ID ofrece capacidades avanzadas para la colaboración B2B (business-to-business), permitiendo a las organizaciones compartir recursos con usuarios externos sin comprometer la seguridad ni la integridad de sus datos. A través de la funcionalidad de acceso de invitados, las empresas pueden otorgar permisos a colaboradores externos sin necesidad de crear cuentas adicionales dentro de su directorio.

El modelo de identidad de Entra ID B2B está diseñado para permitir que los usuarios externos accedan a aplicaciones y datos utilizando sus propias credenciales de inicio de sesión. Esto significa que un socio comercial que utilice Google, Facebook o cualquier otro proveedor de identidad compatible puede autenticarse sin la necesidad de administrar nuevas contraseñas o cuentas. Esto simplifica la experiencia del usuario y reduce la carga administrativa sobre los equipos de TI.

Cuando una organización desea compartir recursos con usuarios externos, puede enviar invitaciones a través del portal de Entra ID o mediante integraciones con aplicaciones como Microsoft Teams, SharePoint y Azure. Al recibir la invitación, el usuario externo se autentica con su propio proveedor de identidad y obtiene acceso a los recursos definidos por la organización anfitriona. La seguridad del acceso está garantizada mediante el uso de políticas de acceso condicional, autenticación multifactor y revisiones de acceso periódicas.

Uno de los principales beneficios del modelo de colaboración B2B de Entra ID es la flexibilidad en la gestión de permisos. Los administradores pueden definir roles específicos para los usuarios externos, asegurando que solo puedan interactuar con los recursos necesarios para su función. Por ejemplo, un proveedor de servicios puede recibir acceso limitado a ciertos documentos en SharePoint, mientras que un consultor externo puede acceder a una aplicación específica sin tener visibilidad sobre otros datos sensibles de la empresa.

La aplicación de controles de seguridad avanzados es un aspecto fundamental en la colaboración externa. Las organizaciones pueden configurar acceso condicional para restringir los permisos en función de la ubicación, el dispositivo o el nivel de riesgo del usuario invitado. Esto significa que si un colaborador intenta acceder desde un país con alto riesgo de ciberataques o desde un dispositivo no registrado, se le puede requerir autenticación multifactor o incluso denegar el acceso.

Para mejorar la gestión del acceso de invitados, Entra ID permite la implementación de revisiones periódicas de acceso. Estas revisiones garantizan que los permisos concedidos a usuarios externos sean revisados de forma regular, evitando que cuentas de colaboradores inactivos sigan teniendo acceso a información sensible. Los administradores pueden configurar políticas para revocar automáticamente los permisos después de un período de inactividad o solicitar aprobación para la renovación del acceso.

Además de la autenticación y los controles de acceso, la colaboración B2B con Entra ID ofrece capacidades de monitoreo y auditoría. Los administradores pueden rastrear todas las actividades de los usuarios externos, incluyendo inicios de sesión, intentos de acceso fallidos y cambios en los permisos. Estos registros permiten detectar comportamientos sospechosos y responder rápidamente ante posibles incidentes de seguridad.

La integración de Entra ID con otras soluciones de seguridad de Microsoft, como Defender for Identity y Sentinel, refuerza la protección del entorno colaborativo. Estas herramientas pueden identificar anomalías en el comportamiento de los usuarios externos y generar alertas automáticas en caso de detección de amenazas potenciales. De este modo, las organizaciones pueden adoptar un enfoque proactivo para la seguridad en la colaboración B2B.

El uso de Entra ID para la colaboración B2B también facilita el cumplimiento de normativas de seguridad y privacidad. Muchas regulaciones, como el RGPD y la HIPAA, requieren que las empresas controlen el acceso a datos sensibles y auditen las interacciones con usuarios externos. La capacidad de definir políticas de acceso estrictas y realizar auditorías detalladas permite a las organizaciones cumplir con estos requisitos sin afectar la productividad de sus equipos.

La colaboración entre empresas es un elemento clave en la transformación digital y el crecimiento empresarial. Microsoft Entra ID proporciona una solución segura y eficiente para gestionar el acceso de usuarios externos, asegurando que la información y los recursos compartidos se mantengan protegidos en todo momento. Al adoptar este modelo de colaboración, las organizaciones pueden fortalecer sus relaciones comerciales, mejorar la eficiencia operativa y reducir los riesgos asociados con accesos no autorizados.

Activación de inicio de sesión único (SSO) con Entra ID

El inicio de sesión único (SSO) es una funcionalidad clave dentro de Microsoft Entra ID que permite a los usuarios autenticarse una sola vez y acceder a múltiples aplicaciones sin necesidad de volver a introducir sus credenciales. La activación de SSO no solo mejora la experiencia del usuario al reducir la fatiga de contraseñas, sino que también incrementa la seguridad al minimizar los riesgos asociados con el uso de credenciales débiles o reutilizadas.

Entra ID permite la implementación de SSO en diferentes escenarios, tanto en aplicaciones locales como en aplicaciones en la nube. La integración con protocolos estándar como SAML (Security Assertion Markup Language), OAuth y OpenID Connect facilita la compatibilidad con una amplia variedad de servicios. Esto permite a las organizaciones unificar el acceso a herramientas como Microsoft 365, Salesforce, ServiceNow y otras aplicaciones empresariales sin necesidad de credenciales adicionales.

El proceso de activación de SSO en Entra ID comienza con el registro de aplicaciones dentro del directorio. Una vez que una aplicación ha sido registrada, los administradores pueden configurar los métodos de autenticación y establecer las políticas de acceso adecuadas. Para aplicaciones SaaS compatibles con SAML, la configuración de SSO requiere la provisión de un identificador de entidad, la URL del servicio de inicio de sesión y un certificado de seguridad emitido por Entra ID. Esto garantiza que solo los usuarios autenticados en el directorio de la organización puedan acceder a la aplicación.

En los entornos híbridos donde las aplicaciones locales deben integrarse con Entra ID, el uso de Azure AD Application Proxy es una opción viable. Este servicio permite exponer aplicaciones locales sin necesidad de abrir puertos en el firewall ni configurar VPNs. Con la combinación de Application Proxy y SSO, los usuarios pueden acceder a aplicaciones empresariales desde cualquier ubicación sin comprometer la seguridad de la red interna.

Una de las ventajas del SSO con Entra ID es la posibilidad de aplicar políticas de acceso condicional. Esto permite a los administradores definir controles adicionales antes de conceder el acceso a una aplicación. Por ejemplo, se puede exigir autenticación multifactor (MFA) cuando un usuario intenta iniciar sesión desde un dispositivo no administrado o una ubicación sospechosa. Estas medidas ayudan a reforzar la seguridad sin afectar la productividad.

El monitoreo del acceso a las aplicaciones es otro aspecto crucial en la implementación de SSO. Microsoft Entra ID proporciona registros detallados sobre los intentos de autenticación, permitiendo a los equipos de seguridad identificar patrones de acceso inusuales y responder ante posibles amenazas. Además, los administradores pueden configurar alertas para detectar anomalías en tiempo real y aplicar bloqueos automáticos si se detecta actividad sospechosa.

Para garantizar un despliegue exitoso de SSO, es recomendable realizar pruebas antes de habilitar la funcionalidad en toda la organización. Entra ID permite configurar el acceso a aplicaciones en modo de prueba, lo que permite validar la integración sin afectar la experiencia de los usuarios. También se recomienda capacitar a los empleados sobre el uso de SSO y la importancia de la seguridad en la autenticación.

Las organizaciones que implementan SSO con Entra ID pueden reducir significativamente los costos operativos asociados con la administración de contraseñas. Al eliminar la necesidad de gestionar múltiples credenciales, se reduce la cantidad de solicitudes de restablecimiento de contraseñas y se optimiza la eficiencia del equipo de TI. Además, al centralizar la autenticación, se facilita el cumplimiento de normativas de seguridad y se mejora la trazabilidad de accesos en entornos corporativos.

El inicio de sesión único con Entra ID es una solución escalable que se adapta a las necesidades de empresas de cualquier tamaño. Su integración con aplicaciones locales y en la nube, junto con sus capacidades avanzadas de seguridad, lo convierten en una herramienta esencial para mejorar la administración de identidades y el acceso seguro a los recursos empresariales.

Despliegue de autenticación sin contraseña en Entra ID

La autenticación sin contraseña se ha convertido en una de las estrategias de seguridad más efectivas para reducir la dependencia de credenciales vulnerables y fortalecer la protección de identidades en entornos empresariales. Microsoft Entra ID permite a las organizaciones implementar métodos de autenticación modernos que eliminan la necesidad de contraseñas tradicionales, minimizando el riesgo de ataques de phishing, robo de credenciales y accesos no autorizados.

El despliegue de autenticación sin contraseña en Entra ID se basa en tecnologías como Windows Hello for Business, claves de seguridad FIDO2 y la aplicación Microsoft Authenticator. Estos métodos aprovechan factores biométricos, certificados criptográficos y dispositivos físicos para proporcionar un acceso seguro y sin fricción a los usuarios, sin comprometer la usabilidad ni la experiencia de autenticación.

El primer paso para habilitar la autenticación sin contraseña en una organización es la evaluación del entorno actual. Es necesario identificar qué dispositivos, aplicaciones y sistemas son compatibles con los métodos sin contraseña y definir una estrategia de adopción progresiva. Microsoft Entra ID permite activar la autenticación sin contraseña de manera gradual, permitiendo a los usuarios registrarse voluntariamente antes de aplicar políticas obligatorias.

Uno de los métodos más utilizados es Windows Hello for Business, que permite a los usuarios autenticarse utilizando reconocimiento facial, huellas dactilares o un PIN seguro almacenado en el dispositivo. Este enfoque proporciona una experiencia fluida y protege las credenciales utilizando claves criptográficas vinculadas al hardware del usuario. Para implementar esta solución, las organizaciones deben asegurarse de que sus dispositivos estén habilitados para autenticación biométrica y de que Entra ID esté configurado para aceptar este tipo de credenciales.

Otro método ampliamente adoptado es el uso de claves de seguridad FIDO2, dispositivos físicos que permiten la autenticación sin necesidad de contraseñas. Estas claves, que pueden conectarse a través de USB, NFC o Bluetooth, generan un par de claves criptográficas únicas para cada usuario y aplicación. Al utilizar autenticación FIDO2 en Entra ID, las empresas pueden eliminar por completo la necesidad de almacenar contraseñas y reducir la exposición a ataques de fuerza bruta o robo de credenciales.

La aplicación Microsoft Authenticator también es una alternativa efectiva para la autenticación sin contraseña. Con esta aplicación, los usuarios pueden aprobar inicios de sesión mediante notificaciones push o códigos generados de manera dinámica. Esta solución es ideal para empleados que trabajan desde múltiples dispositivos y necesitan un método de autenticación flexible y seguro.

Una vez habilitados los métodos sin contraseña, es crucial establecer políticas de acceso y monitoreo dentro de Entra ID. Los administradores pueden configurar acceso condicional para requerir autenticación sin contraseña en escenarios específicos, como el acceso a recursos críticos o desde ubicaciones de alto riesgo. También pueden realizar auditorías periódicas para evaluar la adopción y eficacia de estas tecnologías, asegurándose de que los usuarios hagan la transición de manera segura y sin interrupciones operativas.

La eliminación de contraseñas en los entornos empresariales no solo mejora la seguridad, sino que también reduce la carga administrativa relacionada con la gestión de credenciales. Al disminuir la dependencia de contraseñas, las empresas pueden reducir significativamente los costos asociados con restablecimientos de credenciales, soporte técnico y ataques de phishing.

Microsoft Entra ID ofrece un enfoque escalable y seguro para el despliegue de autenticación sin contraseña, facilitando la adopción de métodos modernos que refuerzan la seguridad y optimizan la experiencia del usuario. A medida que las organizaciones avanzan hacia un modelo de identidad sin contraseñas, es fundamental garantizar una implementación bien planificada y monitoreada, asegurando que todos los usuarios puedan aprovechar los beneficios de esta estrategia sin afectar la continuidad operativa.

Auditorías e informes en Entra ID

La administración de identidades y accesos en una organización requiere mecanismos sólidos de auditoría y generación de informes para garantizar la seguridad, el cumplimiento normativo y la detección de posibles amenazas. Microsoft Entra ID proporciona herramientas avanzadas de monitoreo y análisis que permiten a los administradores supervisar actividades de autenticación, cambios en la configuración de identidad y eventos relacionados con accesos no autorizados. Estas capacidades son esenciales para mantener la integridad del entorno y detectar incidentes antes de que se conviertan en problemas de seguridad críticos.

El sistema de auditoría en Entra ID captura una variedad de eventos relacionados con la gestión de identidades, incluyendo inicios de sesión, asignación de roles, cambios en políticas de acceso y modificaciones en los permisos de los usuarios. Estos registros permiten a los administradores rastrear acciones específicas y determinar si un comportamiento es legítimo o si indica una posible amenaza de seguridad.

Uno de los registros más importantes en Entra ID es el de los inicios de sesión, que proporciona detalles sobre cada intento de autenticación, incluyendo la identidad del usuario, la ubicación, el dispositivo utilizado y el resultado del intento. A través de estos datos, los equipos de seguridad pueden detectar accesos sospechosos, como intentos desde ubicaciones inusuales o desde dispositivos no registrados. Cuando se combina con el acceso condicional y la autenticación multifactor, este monitoreo permite aplicar respuestas automatizadas para mitigar riesgos en tiempo real.

Además del registro de inicios de sesión, Entra ID mantiene un historial detallado de auditoría que documenta cambios administrativos en el directorio. Este historial incluye modificaciones en usuarios, grupos, roles y políticas de acceso, lo que permite a los administradores investigar cambios no autorizados y revertir configuraciones si es necesario. La capacidad de auditar estos cambios es fundamental para organizaciones sujetas a normativas de cumplimiento como el RGPD, HIPAA o ISO 27001.

Para facilitar la gestión y el análisis de datos, Entra ID proporciona informes predefinidos y personalizables que ofrecen una visión detallada del estado de seguridad de la organización. Los informes de autenticación fallida, por ejemplo, permiten identificar cuentas que podrían estar comprometidas debido a intentos repetidos de acceso con credenciales incorrectas. De manera similar, los informes sobre el uso de la autenticación multifactor ayudan a evaluar el nivel de adopción de medidas de seguridad adicionales dentro de la empresa.

La integración de Entra ID con herramientas como Microsoft Sentinel amplía aún más las capacidades de monitoreo, permitiendo correlacionar eventos de identidad con otros datos de seguridad en la infraestructura empresarial. Esta correlación permite detectar patrones de ataque sofisticados, como intentos de escalación de privilegios o movimientos laterales dentro de la red.

Para maximizar la efectividad de las auditorías, las organizaciones pueden configurar alertas automáticas basadas en reglas predefinidas. Estas alertas notifican a los administradores cuando se detectan actividades sospechosas, como el acceso a recursos críticos por parte de usuarios que normalmente no interactúan con ellos. Esta capacidad de detección temprana reduce el tiempo de respuesta ante incidentes y minimiza el impacto de posibles brechas de seguridad.

La retención de registros de auditoría es otro aspecto clave en la gestión de identidades. Microsoft Entra ID permite almacenar registros durante un período determinado, dependiendo del nivel de suscripción. Las organizaciones que necesitan conservar datos por más tiempo pueden exportarlos a soluciones externas como Azure Monitor o Microsoft Sentinel para un almacenamiento y análisis más detallado.

Las auditorías e informes en Entra ID desempeñan un papel crucial en la protección de la identidad digital de una empresa. Su capacidad para registrar, analizar y alertar sobre eventos sospechosos permite a las organizaciones mejorar su postura de seguridad, cumplir con regulaciones de protección de datos y garantizar una administración eficiente de accesos. La combinación de monitoreo continuo, generación de informes detallados y automatización de respuestas permite a los equipos de TI y seguridad actuar de manera proactiva frente a amenazas emergentes, asegurando que los sistemas y la información empresarial permanezcan protegidos en todo momento.

Comprensión de la gobernanza y el cumplimiento en Entra ID

La gobernanza y el cumplimiento en la gestión de identidades son aspectos fundamentales para garantizar la seguridad, la administración eficiente de los accesos y el cumplimiento de normativas en las organizaciones. Microsoft Entra ID ofrece un conjunto de herramientas avanzadas que permiten gestionar identidades, supervisar accesos y aplicar controles de seguridad para alinearse con requisitos regulatorios como GDPR, HIPAA y SOX. Al adoptar una estrategia de gobernanza adecuada, las empresas pueden minimizar riesgos, reducir accesos innecesarios y garantizar la integridad de su entorno digital.

Uno de los pilares fundamentales de la gobernanza en Entra ID es la administración del ciclo de vida de las identidades. Esto implica la creación, modificación y eliminación automatizada de cuentas de usuario en función de su relación con la organización. La integración con sistemas de recursos humanos permite que las cuentas se creen automáticamente cuando un empleado es contratado y se desactiven de manera inmediata cuando deja la empresa. Este enfoque reduce la exposición a accesos no autorizados y evita la acumulación de cuentas huérfanas, que pueden representar un riesgo de seguridad significativo.

La asignación de permisos es otro aspecto clave de la gobernanza en Entra ID. Las organizaciones deben aplicar el principio de privilegios mínimos, asegurando que los usuarios solo tengan acceso a los recursos necesarios para desempeñar sus funciones. Mediante el uso de roles administrativos y políticas de acceso basadas en grupos, Entra ID facilita la asignación y revisión de permisos de manera estructurada. Además, la función de revisiones de acceso permite que los administradores evalúen periódicamente si los usuarios aún requieren ciertos privilegios, ayudando a reducir la sobreasignación de permisos.

El cumplimiento normativo es un componente esencial en la gestión de identidades, ya que muchas industrias están sujetas a regulaciones estrictas sobre la protección de datos y la gestión de accesos. Entra ID proporciona herramientas de auditoría y generación de informes que permiten a las organizaciones demostrar conformidad con estándares de seguridad. Los registros detallados de inicio de sesión, intentos de acceso fallidos y cambios en los permisos permiten a los equipos de seguridad identificar anomalías y responder de manera proactiva a posibles incidentes.

Las políticas de acceso condicional en Entra ID son una herramienta esencial para reforzar el cumplimiento de normativas de seguridad. Estas políticas permiten restringir accesos en función de factores como la ubicación, el tipo de dispositivo y el nivel de riesgo de la sesión. Por ejemplo, una organización que maneja datos sensibles puede exigir autenticación multifactor (MFA) para cualquier acceso desde ubicaciones fuera de la red corporativa, garantizando que solo usuarios legítimos puedan acceder a la información crítica.

Otro aspecto relevante en la gobernanza de identidades es la protección de cuentas con privilegios elevados. Microsoft Entra ID ofrece Privileged Identity Management (PIM), una funcionalidad que permite la asignación temporal de permisos administrativos. En lugar de conceder privilegios permanentes a ciertos usuarios, PIM permite activar accesos privilegiados solo cuando sean necesarios y bajo supervisión, reduciendo así la exposición a riesgos de seguridad.

El monitoreo continuo de actividades y la respuesta a incidentes son esenciales para una estrategia de gobernanza efectiva. Entra ID permite la integración con herramientas como Microsoft Sentinel, proporcionando capacidades avanzadas de detección de amenazas y correlación de eventos de seguridad. Mediante el análisis de comportamiento y el uso de inteligencia artificial, las organizaciones pueden identificar accesos sospechosos y tomar medidas preventivas antes de que se produzcan brechas de seguridad.

La gobernanza y el cumplimiento en Entra ID no solo ayudan a las organizaciones a proteger sus activos digitales, sino que también optimizan la gestión de accesos y reducen la carga administrativa. Al implementar una estrategia sólida basada en automatización, control de privilegios y monitoreo continuo, las empresas pueden garantizar un entorno seguro y alineado con los requisitos regulatorios.

Uso de Entra ID para proteger los servicios de Microsoft 365

Microsoft 365 es una de las plataformas empresariales más utilizadas en el mundo, proporcionando acceso a herramientas esenciales como Exchange Online, SharePoint, Teams y OneDrive. Sin embargo, debido a la gran cantidad de datos sensibles que manejan estas aplicaciones, es fundamental implementar medidas de seguridad sólidas para proteger el acceso y prevenir amenazas. Microsoft Entra ID, como servicio de identidad y gestión de accesos, desempeña un papel clave en la protección de los servicios de Microsoft 365 al proporcionar autenticación segura, control de accesos, monitoreo continuo y cumplimiento de políticas de seguridad.

La autenticación es la primera línea de defensa en la seguridad de Microsoft 365. Entra ID permite implementar autenticación multifactor (MFA), lo que agrega una capa adicional de protección al requerir una segunda verificación antes de conceder acceso. Los administradores pueden configurar MFA como requisito para todos los usuarios o solo en situaciones específicas, como intentos de inicio de sesión desde ubicaciones inusuales o dispositivos no administrados. Esto minimiza el riesgo de ataques de phishing y el uso de credenciales robadas.

El acceso condicional en Entra ID proporciona un control granular sobre quién puede acceder a los servicios de Microsoft 365 y bajo qué condiciones. Con estas políticas, las organizaciones pueden definir reglas basadas en factores como la ubicación, el tipo de dispositivo y la identidad del usuario. Por ejemplo, una empresa puede permitir el acceso sin restricciones solo desde dispositivos corporativos, mientras que los intentos desde equipos personales pueden requerir autenticación multifactor o incluso ser bloqueados. Esto ayuda a mitigar riesgos en entornos de trabajo híbridos y remotos.

Además de proteger el acceso de los usuarios finales, Entra ID también gestiona cuentas con privilegios administrativos en Microsoft 365. Mediante Privileged Identity Management (PIM), los administradores pueden recibir permisos elevados solo cuando los necesiten y por un tiempo limitado. Esto reduce la exposición a ataques dirigidos contra cuentas de alto nivel y minimiza el riesgo de accesos no autorizados causados por credenciales comprometidas.

Otro aspecto clave en la protección de Microsoft 365 es la integración de Entra ID con Microsoft Defender for Cloud Apps. Esta herramienta permite detectar y mitigar amenazas en tiempo real mediante análisis de comportamiento y monitoreo de accesos sospechosos. Por ejemplo, si un usuario accede a SharePoint desde una ubicación geográfica inusual y luego intenta descargar grandes volúmenes de datos, Entra ID puede bloquear automáticamente la actividad y alertar a los administradores de seguridad.

La administración del ciclo de vida de identidades en Microsoft 365 también se beneficia de Entra ID. Mediante la automatización del aprovisionamiento y desaprovisionamiento de cuentas, las organizaciones pueden asegurarse de que los empleados solo tengan acceso a los servicios que realmente necesitan y que las cuentas sean eliminadas de forma segura cuando un trabajador deja la empresa. Esto evita que identidades obsoletas sigan activas en el sistema y reduce la posibilidad de uso indebido.

El monitoreo y auditoría de accesos en Entra ID permiten a las empresas mantener un control detallado sobre cómo se utilizan los servicios de Microsoft 365. Los registros de actividad proporcionan visibilidad sobre intentos de inicio de sesión, cambios en la configuración de seguridad y uso de credenciales sospechosas. Estos datos pueden ser analizados para identificar tendencias de acceso anómalas y responder de manera proactiva ante posibles amenazas.

El cumplimiento normativo es otro factor fundamental en la administración de accesos en Microsoft 365. Entra ID permite a las organizaciones cumplir con regulaciones como GDPR, HIPAA y ISO 27001 al aplicar controles de seguridad estrictos y generar informes detallados sobre la gestión de identidades. Esto facilita la preparación para auditorías y demuestra el cumplimiento de políticas de seguridad a nivel corporativo.

Microsoft Entra ID se integra perfectamente con los servicios de Microsoft 365 para proporcionar un enfoque de seguridad basado en la identidad. Al implementar medidas como autenticación multifactor, acceso condicional, gestión de cuentas privilegiadas y monitoreo de actividad, las organizaciones pueden reducir significativamente los riesgos de seguridad y garantizar la protección de datos críticos. Estas capacidades no solo fortalecen la postura de seguridad, sino que también mejoran la eficiencia operativa al reducir la carga administrativa y automatizar la gestión de identidades en la nube.

Protección de cuentas privilegiadas con PIM

Las cuentas privilegiadas representan uno de los activos más críticos dentro de una organización, ya que poseen permisos elevados que permiten modificar configuraciones, administrar accesos y gestionar infraestructuras clave. Debido a su nivel de acceso, estas cuentas son objetivos frecuentes de ataques cibernéticos, por lo que es fundamental implementar mecanismos de protección avanzados. Microsoft Entra ID ofrece Privileged Identity Management (PIM), una solución diseñada para minimizar riesgos asociados con cuentas privilegiadas, proporcionando control granular sobre su uso y asegurando que los permisos solo se otorguen cuando sean estrictamente necesarios.

Privileged Identity Management en Entra ID permite la asignación de roles administrativos de manera temporal, lo que significa que los usuarios solo obtienen permisos elevados cuando realmente los necesitan y por un tiempo limitado. Este enfoque reduce significativamente la exposición de cuentas privilegiadas a posibles amenazas y evita que los atacantes puedan explotar accesos permanentes. Además, PIM proporciona capacidades de monitoreo y auditoría que permiten rastrear en tiempo real el uso de roles administrativos y generar alertas ante actividades sospechosas.

El modelo de activación bajo demanda de PIM funciona mediante la asignación de roles elegibles, lo que significa que un usuario con privilegios administrativos no tiene acceso constante a sus permisos elevados. En su lugar, debe solicitar la activación del rol cada vez que necesite realizar una tarea administrativa. Esta activación puede estar sujeta a aprobación por parte de otro administrador o requerir autenticación multifactor (MFA) para garantizar que solo usuarios autorizados puedan obtener los permisos necesarios.

Una de las principales ventajas de PIM es la capacidad de establecer políticas de justificación obligatoria. Esto significa que cada vez que un usuario solicita la activación de un rol privilegiado, debe proporcionar una explicación del motivo por el cual necesita dicho acceso. Esta funcionalidad no solo ayuda a mantener la trazabilidad de los accesos, sino que también disuade el uso innecesario de permisos administrativos, promoviendo una cultura de seguridad dentro de la organización.

El control de acceso basado en el tiempo es otra característica clave de PIM. En lugar de conceder permisos indefinidos, los administradores pueden configurar una duración máxima para cada activación de rol. Una vez transcurrido el tiempo asignado, los permisos se revocan automáticamente, reduciendo el riesgo de exposición en caso de que una cuenta comprometida haya obtenido acceso a un rol privilegiado.

Para reforzar la seguridad, PIM permite la configuración de alertas y auditorías en tiempo real. Los administradores pueden recibir notificaciones cuando se activan roles de alto nivel, lo que les permite supervisar el uso de cuentas privilegiadas y detectar actividades inusuales. Además, los registros detallados de acceso permiten realizar análisis retrospectivos para identificar posibles incidentes de seguridad o patrones de uso sospechosos.

Otro aspecto fundamental de PIM es su capacidad de integración con acceso condicional. Esto significa que se pueden definir políticas que requieran factores adicionales de validación antes de conceder permisos elevados. Por ejemplo, si un usuario intenta activar un rol administrativo desde una ubicación desconocida o un dispositivo no registrado, PIM puede exigir autenticación multifactor o denegar la solicitud hasta que se cumplan los requisitos de seguridad establecidos.

Además de la protección de cuentas individuales, PIM permite administrar grupos con privilegios elevados. Esto es especialmente útil en organizaciones donde los permisos se asignan a nivel de grupo en lugar de usuario individual. Al habilitar PIM para grupos administrativos, se puede garantizar que solo los miembros autorizados puedan acceder a recursos críticos cuando sea necesario, aplicando las mismas políticas de acceso temporal y aprobación que para las cuentas individuales.

El uso de PIM también facilita el cumplimiento normativo en organizaciones sujetas a regulaciones estrictas de seguridad y privacidad. La capacidad de registrar y auditar cada activación de rol permite demostrar control sobre el acceso a cuentas privilegiadas, lo que ayuda a cumplir con requisitos como GDPR, ISO 27001 y NIST. Las empresas pueden generar informes detallados sobre el uso de permisos administrativos, proporcionando evidencia de que se están aplicando controles adecuados para minimizar riesgos.

Implementar Privileged Identity Management en Entra ID no solo fortalece la seguridad de las cuentas privilegiadas, sino que también optimiza la gestión de accesos en toda la organización. Al reducir la permanencia de permisos elevados, aplicar controles de aprobación y reforzar la visibilidad sobre el uso de roles administrativos, PIM se convierte en una herramienta clave para mitigar amenazas y garantizar la integridad del entorno digital. La adopción de este enfoque ayuda a minimizar los riesgos asociados con accesos innecesarios y refuerza la protección de la infraestructura empresarial contra ataques dirigidos a cuentas críticas.

Configuración de revisiones de acceso en Entra ID

La gestión del acceso a recursos dentro de una organización es un componente crítico para la seguridad y el cumplimiento normativo. Microsoft Entra ID proporciona una funcionalidad avanzada conocida como revisiones de acceso, diseñada para garantizar que solo los usuarios adecuados tengan acceso a información y aplicaciones en función de su rol dentro de la empresa. La implementación de revisiones de acceso en Entra ID ayuda a reducir el riesgo de privilegios excesivos y a mantener un control continuo sobre las identidades en el entorno corporativo.

Las revisiones de acceso en Entra ID permiten a los administradores y responsables de seguridad evaluar periódicamente los permisos de los usuarios y decidir si deben ser mantenidos, modificados o revocados. Este proceso es fundamental para evitar la acumulación de accesos innecesarios que podrían convertirse en un vector de ataque en caso de una vulnerabilidad de seguridad. Las revisiones pueden aplicarse a diferentes tipos de recursos, incluyendo grupos, roles administrativos y aplicaciones integradas con Entra ID.

El primer paso en la configuración de revisiones de acceso es definir el alcance de la revisión. Entra ID permite crear revisiones para usuarios internos, invitados externos y cuentas con privilegios administrativos. Es posible seleccionar grupos específicos o definir criterios dinámicos basados en atributos de los usuarios. También se pueden establecer revisiones periódicas o programarlas para eventos específicos, como cambios organizacionales o auditorías de cumplimiento.

Una vez definido el alcance, es necesario designar a los revisores. Microsoft Entra ID ofrece varias opciones en este aspecto: los revisores pueden ser administradores, responsables de grupo o incluso los propios usuarios a través de un modelo de auto-revisión. La auto-revisión es particularmente útil para garantizar que los empleados solo mantengan los accesos que realmente necesitan, lo que fomenta una cultura de seguridad dentro de la organización.

La configuración de reglas de aprobación es otro elemento clave en las revisiones de acceso. Los administradores pueden definir criterios automáticos para aceptar o denegar accesos en función de la actividad del usuario, como el último inicio de sesión o el uso reciente de la aplicación. Esto permite una gestión más eficiente, reduciendo la carga de trabajo de los revisores y acelerando el proceso de auditoría.

Una característica importante de las revisiones de acceso en Entra ID es la capacidad de aplicar acciones automatizadas tras la finalización de una revisión. Dependiendo de los resultados, los permisos pueden revocarse automáticamente o mantenerse sin necesidad de intervención manual. Esta automatización mejora la eficiencia operativa y garantiza que las decisiones de acceso se apliquen de manera inmediata.

El monitoreo y la generación de informes sobre revisiones de acceso son fundamentales para la trazabilidad y el cumplimiento normativo. Entra ID proporciona registros detallados que permiten a los administradores evaluar el historial de revisiones, identificar patrones y responder ante auditorías regulatorias. Estos registros pueden integrarse con herramientas como Microsoft Sentinel para correlacionar eventos y detectar posibles riesgos de seguridad.

La configuración de revisiones de acceso en Entra ID no solo ayuda a proteger los recursos de la organización, sino que también optimiza la gestión de identidades al garantizar que los permisos se mantengan actualizados y alineados con las necesidades operativas. A través de una implementación adecuada y un monitoreo constante, las empresas pueden fortalecer su postura de seguridad y minimizar la exposición a amenazas internas y externas.

Aprovechamiento del acceso condicional para el trabajo remoto seguro

El trabajo remoto se ha convertido en una práctica común dentro de las organizaciones modernas, ofreciendo flexibilidad y productividad mejorada para los empleados. Sin embargo, esta modalidad también introduce desafíos de seguridad, ya que los accesos a los recursos corporativos pueden provenir de ubicaciones no confiables y dispositivos personales sin controles adecuados. Para mitigar estos riesgos, Microsoft Entra ID ofrece acceso condicional, una funcionalidad clave que permite aplicar políticas de seguridad dinámicas y basadas en contexto, asegurando que solo los usuarios autorizados puedan acceder a aplicaciones y datos sensibles desde ubicaciones remotas.

El acceso condicional en Entra ID se basa en la evaluación de señales en tiempo real para determinar si una solicitud de acceso debe ser permitida, bloqueada o sometida a requisitos adicionales. Estas señales incluyen la identidad del usuario, la ubicación geográfica, el estado del dispositivo y el nivel de riesgo detectado en la sesión. Al analizar estos factores, las organizaciones pueden establecer reglas que garanticen un acceso seguro sin afectar la productividad del usuario.

Uno de los usos más comunes del acceso condicional para el trabajo remoto es la restricción de accesos desde ubicaciones no confiables. Si un usuario intenta iniciar sesión desde un país o región que no está dentro de las operaciones habituales de la empresa, Entra ID puede bloquear automáticamente la solicitud o requerir autenticación multifactor (MFA) antes de conceder acceso. Esto ayuda a prevenir ataques basados en el uso de credenciales comprometidas en ubicaciones desconocidas.

El estado del dispositivo es otro factor clave en la configuración del acceso condicional. Las organizaciones pueden requerir que los dispositivos utilizados para el trabajo remoto cumplan con ciertos requisitos de seguridad, como estar inscritos en Microsoft Intune, contar con cifrado de disco activo o ejecutar versiones actualizadas del sistema operativo. Si un usuario intenta conectarse desde un dispositivo que no cumple con estas condiciones, se le puede denegar el acceso o redirigirlo a una versión restringida de la aplicación.

La integración del acceso condicional con la autenticación multifactor refuerza aún más la seguridad en entornos remotos. Al exigir MFA para inicios de sesión desde dispositivos personales o redes públicas, se reduce significativamente el riesgo de accesos no autorizados. Esta capa adicional de protección es especialmente útil para cuentas con permisos elevados, que suelen ser objetivos de ataques dirigidos.

Para mejorar la experiencia del usuario, el acceso condicional permite la implementación de políticas adaptativas que equilibran seguridad y usabilidad. Por ejemplo, si un usuario se autentica desde su dispositivo corporativo dentro de una red segura, se le puede conceder acceso sin necesidad de MFA. Sin embargo, si la misma cuenta intenta acceder desde una red Wi-Fi pública, se le puede exigir una verificación adicional antes de permitirle entrar.

El acceso condicional también puede integrarse con Microsoft Defender for Identity y otras soluciones de seguridad para detectar comportamientos sospechosos y ajustar las políticas de acceso en función del nivel de riesgo. Si un usuario muestra patrones de actividad inusuales, como intentos de acceso desde múltiples ubicaciones en un corto período de tiempo, el sistema puede bloquear automáticamente la sesión o requerir medidas de autenticación adicionales.

El monitoreo y la auditoría de accesos en entornos remotos son esenciales para garantizar el cumplimiento de las políticas de seguridad. Entra ID proporciona registros detallados sobre los intentos de autenticación y los bloqueos de acceso, permitiendo a los equipos de TI identificar tendencias de seguridad y ajustar las reglas en función de las necesidades operativas.

Las organizaciones que implementan acceso condicional para el trabajo remoto pueden proteger sus recursos sin afectar la productividad de los empleados. Al combinar restricciones geográficas, evaluaciones del estado del dispositivo y autenticación multifactor, es posible minimizar los riesgos asociados con accesos desde ubicaciones externas. A medida que el trabajo remoto sigue evolucionando, la adopción de estrategias de seguridad basadas en la identidad se vuelve fundamental para garantizar la protección de la infraestructura digital y la continuidad del negocio.

Uso de Entra ID en la administración de acceso a recursos de Azure

Microsoft Entra ID es el servicio de identidad central en Azure, encargado de gestionar la autenticación y autorización de usuarios, grupos y aplicaciones que acceden a los recursos en la nube. La administración de acceso en Azure requiere un control preciso para garantizar que solo los usuarios y servicios autorizados puedan interactuar con los distintos componentes de la infraestructura. Entra ID ofrece una combinación de control de acceso basado en roles (RBAC), acceso condicional, autenticación multifactor (MFA) y Privileged Identity Management (PIM) para proporcionar una gestión de identidades segura y eficiente.

El modelo de control de acceso basado en roles (RBAC) en Azure, administrado a través de Entra ID, permite a los administradores otorgar permisos específicos según las necesidades de cada usuario o grupo. En lugar de asignar permisos directamente a individuos, se recomienda utilizar grupos de seguridad en Entra ID para facilitar la administración y reducir el riesgo de errores en la asignación de privilegios. Los roles en Azure están diseñados para proporcionar el mínimo privilegio necesario, evitando accesos excesivos que puedan comprometer la seguridad del entorno.

Además de la asignación de roles, el acceso condicional en Entra ID permite establecer políticas dinámicas que regulan el acceso a los recursos de Azure en función de factores como la ubicación del usuario, el tipo de dispositivo y el nivel de riesgo detectado en la sesión. Esto es especialmente útil para proteger cuentas con privilegios elevados, exigiendo autenticación multifactor cuando se detecten inicios de sesión desde ubicaciones no confiables o dispositivos no administrados.

Para reforzar la seguridad en la gestión de identidades privilegiadas, Entra ID ofrece Privileged Identity Management (PIM), que permite administrar roles administrativos de Azure de manera temporal. Con PIM, los usuarios pueden solicitar acceso a permisos elevados solo cuando sea necesario, reduciendo la exposición a amenazas y minimizando el riesgo de abuso de privilegios. Además, se pueden configurar aprobaciones y revisiones periódicas de acceso para garantizar que solo las personas adecuadas mantengan permisos administrativos.

La gestión de identidades en Azure también abarca la integración con aplicaciones y servicios externos mediante el uso de identidades administradas. Entra ID permite que máquinas virtuales, funciones de Azure y otros servicios accedan a recursos sin necesidad de almacenar credenciales en el código, lo que reduce significativamente el riesgo de exposición de contraseñas y mejora la seguridad en la automatización de procesos.

Otro aspecto clave en la administración de acceso a recursos de Azure es la auditoría y el monitoreo continuo. Entra ID proporciona registros detallados de actividades de inicio de sesión, cambios en roles y políticas de acceso, lo que permite a los administradores detectar intentos de acceso sospechosos y responder de manera proactiva ante posibles incidentes de seguridad. Estos registros pueden integrarse con

Microsoft Sentinel para un análisis avanzado y una detección temprana de amenazas.

La combinación de control de acceso basado en roles, autenticación multifactor, acceso condicional y Privileged Identity Management en Entra ID permite a las organizaciones gestionar el acceso a los recursos de Azure de manera segura y eficiente. Implementar buenas prácticas de administración de identidades ayuda a minimizar riesgos, garantizar el cumplimiento de normativas y mejorar la seguridad en entornos de nube híbrida y completamente en la nube.

Mejores prácticas para las políticas de acceso condicional de Entra ID

Las políticas de acceso condicional en Microsoft Entra ID son una herramienta esencial para reforzar la seguridad de los accesos a recursos corporativos. Estas políticas permiten a las organizaciones definir reglas que determinan cuándo y cómo los usuarios pueden autenticarse en aplicaciones y servicios protegidos. Un enfoque bien estructurado en la implementación de acceso condicional ayuda a reducir los riesgos de seguridad, mejorar la experiencia del usuario y garantizar el cumplimiento normativo.

El primer principio para establecer políticas efectivas de acceso condicional es aplicar el modelo de confianza cero (Zero Trust). Bajo este enfoque, ningún acceso se considera seguro por defecto y cada intento de autenticación debe ser evaluado en función de múltiples factores, como la ubicación del usuario, el estado del dispositivo y el nivel de riesgo de la sesión. Implementar políticas de acceso condicional basadas en Zero Trust permite minimizar los riesgos asociados con credenciales comprometidas y accesos no autorizados.

Una de las mejores prácticas fundamentales es la aplicación de autenticación multifactor (MFA) en escenarios de alto riesgo. No todas las sesiones requieren el mismo nivel de seguridad, por lo que es recomendable exigir MFA cuando los intentos de inicio de sesión provienen de ubicaciones desconocidas, dispositivos no administrados o sesiones con anomalías detectadas. Al configurar MFA solo en situaciones específicas, se equilibra la seguridad con la comodidad del usuario, evitando solicitar autenticaciones innecesarias cuando se accede desde entornos confiables.

El uso de acceso condicional basado en el estado del dispositivo es otro aspecto clave en la protección de identidades. Las organizaciones deben requerir que los usuarios inicien sesión solo desde dispositivos administrados y en cumplimiento con las políticas de seguridad de la empresa. Entra ID permite integrar Microsoft Intune para verificar si un dispositivo está actualizado, cifrado y protegido contra amenazas antes de conceder acceso a los recursos corporativos.

La segmentación del acceso en función del nivel de privilegio del usuario también es esencial. Las cuentas con roles administrativos deben estar sujetas a controles de acceso más estrictos, como la obligatoriedad de MFA en cada inicio de sesión y la restricción del acceso solo a dispositivos corporativos. Limitar el acceso de administradores a entornos altamente protegidos reduce la exposición de cuentas privilegiadas a ataques cibernéticos.

Las organizaciones deben implementar revisiones y monitoreo continuo de las políticas de acceso condicional. Entra ID proporciona registros detallados sobre intentos de autenticación y accesos bloqueados, lo que permite a los equipos de seguridad identificar patrones sospechosos y ajustar las políticas según sea necesario. Además, la integración con Microsoft Sentinel permite un análisis más profundo y la detección proactiva de amenazas.

Para optimizar la adopción de acceso condicional, es recomendable realizar pruebas antes de aplicar las políticas en toda la organización. Entra ID ofrece un modo de auditoría que permite simular las reglas sin afectar el acceso de los usuarios. Evaluar el impacto de las políticas antes de implementarlas a gran escala ayuda a evitar bloqueos accidentales y garantiza que los usuarios autorizados puedan seguir accediendo sin interrupciones.

Otro aspecto crucial es la educación y concienciación de los empleados sobre las políticas de acceso condicional. Informar a los usuarios sobre los requisitos de seguridad, como la autenticación multifactor y las restricciones de acceso por ubicación, facilita la adopción de estas medidas sin generar fricción en la experiencia de uso. La capacitación en seguridad cibernética refuerza la importancia de estas prácticas y ayuda a reducir los intentos de evasión de controles.

El acceso condicional en Entra ID es una estrategia flexible y altamente personalizable que permite proteger los recursos de una organización sin comprometer la productividad. Aplicar un enfoque basado en Zero Trust, combinar autenticación multifactor con reglas adaptativas y monitorear continuamente el acceso garantiza una protección eficaz contra amenazas. Al adoptar estas mejores prácticas, las empresas pueden fortalecer su postura de seguridad y garantizar un acceso seguro y eficiente a los recursos digitales.

Automatización de la administración de Entra ID con PowerShell y Graph API

Microsoft Entra ID es un servicio de identidad que permite gestionar usuarios, grupos y permisos en entornos empresariales. A medida que las organizaciones crecen, la administración manual de identidades y accesos se vuelve compleja y propensa a errores. Para optimizar la gestión y mejorar la eficiencia operativa, es fundamental implementar procesos automatizados. Microsoft proporciona dos herramientas clave para este propósito: PowerShell y Microsoft Graph API. Ambas permiten a los administradores automatizar tareas repetitivas, mejorar la seguridad y garantizar la coherencia en la administración de identidades.

Automatización con PowerShell

PowerShell es una de las herramientas más utilizadas para la administración de Entra ID, ya que proporciona un conjunto de comandos (cmdlets) diseñados específicamente para interactuar con el directorio. Para empezar a usar PowerShell con Entra ID, es necesario instalar el módulo Microsoft.Graph, que reemplaza al antiguo AzureAD y MSOnline. Este módulo permite gestionar usuarios, grupos, roles y aplicaciones de manera programática.

El primer paso en la automatización con PowerShell es la autenticación. Los administradores pueden conectarse a Entra ID utilizando credenciales interactivas o autenticación basada en certificados para ejecutar scripts sin intervención manual. Una vez conectados, pueden realizar tareas como la creación masiva de usuarios, la asignación de licencias y la aplicación de políticas de seguridad.

Uno de los casos de uso más comunes es la automatización del aprovisionamiento y desaprovisionamiento de usuarios. Mediante PowerShell, es posible generar scripts que creen cuentas nuevas a partir de datos de Recursos Humanos, asignen roles específicos y configuren propiedades como direcciones de correo y licencias de Microsoft 365. También se pueden establecer reglas para desactivar o eliminar cuentas de empleados que han dejado la empresa, reduciendo riesgos de seguridad.

La gestión de grupos es otro aspecto que se beneficia de la automatización. PowerShell permite crear y administrar grupos dinámicos, asignar permisos a aplicaciones y configurar membresías basadas en atributos como departamento o ubicación. Esto garantiza que los usuarios obtengan acceso solo a los recursos necesarios sin intervención manual.

Además de la administración de usuarios y grupos, PowerShell facilita la gestión de roles administrativos en Entra ID. Los scripts pueden programarse para revisar qué usuarios tienen privilegios elevados y aplicar medidas como la rotación de permisos o la activación temporal de roles mediante Privileged Identity Management (PIM).

Para garantizar la seguridad y el cumplimiento normativo, PowerShell permite la generación de informes de auditoría. Los administradores pueden ejecutar consultas para obtener registros de inicio de sesión, cambios en roles y actividades sospechosas. Estos datos pueden integrarse con herramientas de análisis como Microsoft Sentinel para la detección de amenazas en tiempo real.

Automatización con Microsoft Graph API

Microsoft Graph API es una interfaz basada en REST que proporciona acceso a datos de Entra ID, Microsoft 365 y otros servicios de Microsoft. A diferencia de PowerShell, Graph API permite la integración de procesos de automatización con aplicaciones externas y servicios en la nube, ofreciendo mayor flexibilidad y escalabilidad.

Para utilizar Graph API, los desarrolladores deben registrarse en Entra ID y obtener un token de autenticación OAuth 2.0. Este token permite ejecutar solicitudes autenticadas y realizar operaciones como la creación de usuarios, la asignación de permisos y la gestión de dispositivos.

Uno de los principales beneficios de Graph API es su capacidad para interactuar con múltiples servicios dentro de un mismo ecosistema. Por ejemplo, un desarrollador puede crear una aplicación que automatice la gestión de accesos a SharePoint, Teams y OneDrive en función de la pertenencia a grupos en Entra ID.

Un caso de uso común es la sincronización de identidades entre sistemas internos y Entra ID. Graph API permite la integración con bases de datos de empleados, asegurando que cualquier cambio en la organización se refleje automáticamente en el directorio. Esto es útil para empresas que requieren un control preciso sobre accesos y permisos.

Otro aspecto destacado de Graph API es su compatibilidad con flujos de trabajo automatizados mediante Azure Logic Apps y Power Automate. Estas herramientas permiten crear procesos sin necesidad de programación avanzada, como la asignación automática de licencias o la notificación a administradores cuando se detectan inicios de sesión sospechosos.

Comparación y mejores prácticas

Tanto PowerShell como Graph API ofrecen capacidades avanzadas para la administración de Entra ID, pero su elección depende del caso de uso. PowerShell es ideal para tareas administrativas recurrentes y gestión en línea de usuarios y grupos, mientras que Graph API es más adecuada para integraciones personalizadas y automatización a gran escala.

Las mejores prácticas para la automatización en Entra ID incluyen la adopción de autenticación segura mediante certificados o credenciales administradas, la implementación de registros de auditoría y la aplicación del principio de privilegios mínimos en los scripts y aplicaciones que interactúan con el directorio.

El uso de PowerShell y Graph API en la administración de Entra ID permite mejorar la eficiencia operativa, reducir la carga manual sobre los equipos de TI y fortalecer la seguridad de los accesos. Mediante la automatización de procesos clave, las organizaciones pueden garantizar una gestión de identidades más ágil, segura y alineada con las necesidades del negocio.

Administración de la identidad y el cumplimiento de dispositivos en Entra ID

La administración de identidades y el cumplimiento de dispositivos son aspectos fundamentales en la seguridad y gobernanza de una organización. Microsoft Entra ID permite gestionar de manera centralizada los accesos, identidades y dispositivos que interactúan con los recursos corporativos, asegurando que solo los usuarios y equipos autorizados puedan acceder a información crítica. Con la creciente adopción del trabajo híbrido y remoto, garantizar que los dispositivos cumplan con los estándares de seguridad se ha convertido en una prioridad para proteger los datos y prevenir amenazas cibernéticas.

El control de identidades en Entra ID se basa en la creación, gestión y supervisión de usuarios y grupos dentro de la organización. Cada identidad dentro del sistema representa a un usuario, servicio o dispositivo, lo que permite aplicar políticas de acceso condicional y autenticación segura. La asignación de permisos se puede realizar de forma manual o mediante reglas dinámicas, lo que facilita la administración en grandes entornos empresariales. Además, las cuentas pueden estar asociadas a roles específicos que determinan los privilegios y acciones que pueden ejecutar dentro de la organización.

Para garantizar la seguridad de los accesos, Entra ID proporciona herramientas avanzadas como la autenticación multifactor (MFA) y el acceso condicional. Estas funciones permiten que los usuarios se autentiquen con factores adicionales más allá de la contraseña, como aplicaciones de autenticación, claves de seguridad o biometría. En combinación con el acceso condicional, las organizaciones pueden definir reglas que evalúan la identidad del usuario, la ubicación y el estado del dispositivo antes de permitir el acceso a los recursos. De esta manera, si un usuario intenta iniciar sesión desde una red desconocida o con un dispositivo no registrado, el sistema puede exigir autenticación adicional o bloquear el acceso.

El cumplimiento de dispositivos es otro pilar clave dentro de la administración de identidades en Entra ID. Microsoft permite que las organizaciones definan políticas de seguridad para garantizar que solo los dispositivos conformes puedan acceder a los recursos de la empresa. Estas políticas pueden incluir requisitos como la activación del cifrado de disco, la instalación de parches de seguridad actualizados o el uso de software antivirus. Los dispositivos que no cumplan con estas normativas pueden ser restringidos o recibir un acceso limitado hasta que se ajusten a los requisitos establecidos.

Para gestionar los dispositivos de manera efectiva, Entra ID se integra con Microsoft Intune, un servicio de administración de dispositivos que permite configurar políticas de cumplimiento, supervisar el estado de los equipos y aplicar medidas de seguridad de forma remota. Con esta integración, los administradores pueden establecer controles para asegurar que los dispositivos corporativos y personales utilizados en entornos de trabajo híbrido cumplan con los estándares de seguridad exigidos por la empresa.

El monitoreo continuo es esencial para detectar anomalías y garantizar que las identidades y dispositivos cumplan con las políticas establecidas. Entra ID proporciona registros de auditoría y reportes detallados sobre intentos de acceso, cambios en las configuraciones y actividades sospechosas. Estos datos permiten a los equipos de seguridad identificar patrones de comportamiento anómalos y tomar medidas preventivas antes de que ocurran incidentes de seguridad.

La automatización también juega un papel fundamental en la administración de identidades y dispositivos. Entra ID permite configurar procesos automatizados para la asignación de roles, la activación de permisos temporales y la eliminación de accesos obsoletos. Estas capacidades no solo mejoran la eficiencia operativa, sino que también reducen el riesgo de accesos indebidos y minimizan la carga administrativa del equipo de TI.

En entornos empresariales complejos, donde múltiples usuarios y dispositivos interactúan con aplicaciones en la nube y en las instalaciones, la administración eficaz de identidades y el cumplimiento de dispositivos garantizan un acceso seguro y eficiente. A través de Entra ID, las organizaciones pueden establecer un marco de control robusto que proteja sus activos digitales sin afectar la experiencia del usuario. La combinación de autenticación avanzada, monitoreo continuo y políticas de cumplimiento asegura que solo los usuarios y dispositivos legítimos puedan acceder a los recursos, fortaleciendo así la postura de seguridad de la empresa.

Supervisión y solución de problemas de autenticación en Entra ID

La autenticación en Microsoft Entra ID es un proceso esencial para garantizar el acceso seguro a los recursos empresariales. Sin embargo, los intentos de autenticación fallidos, los accesos sospechosos y los problemas técnicos pueden afectar la experiencia del usuario y comprometer la seguridad de la organización. Para mitigar estos inconvenientes, es fundamental implementar estrategias de supervisión y solución de problemas que permitan identificar y corregir anomalías en tiempo real.

Microsoft Entra ID proporciona diversas herramientas para monitorear la autenticación y detectar incidentes de seguridad. Los registros de inicio de sesión son una fuente clave de información, ya que permiten analizar los intentos de acceso exitosos y fallidos, las direcciones IP de origen, los dispositivos utilizados y los patrones de comportamiento de los usuarios. Estos datos ayudan a los administradores a determinar si un problema de autenticación está relacionado con credenciales incorrectas, dispositivos no autorizados o intentos de acceso desde ubicaciones sospechosas.

Uno de los problemas más comunes en la autenticación es el bloqueo de cuentas debido a múltiples intentos fallidos. Este escenario suele presentarse cuando los usuarios olvidan sus credenciales o cuando actores malintencionados intentan acceder a una cuenta mediante ataques de fuerza bruta. Entra ID ofrece opciones para desbloquear cuentas de forma manual o automatizada, así como la posibilidad de habilitar el autoservicio de restablecimiento de contraseña para reducir la carga del soporte técnico.

Otro desafío frecuente es la autenticación multifactor fallida. Si un usuario no puede completar la verificación secundaria, es posible que su dispositivo no esté registrado correctamente o que haya un problema con el método de autenticación configurado. Para resolver este tipo de incidentes, los administradores pueden revisar los registros de MFA en Entra ID, restablecer los métodos de autenticación y proporcionar asistencia a los usuarios para la configuración de opciones alternativas, como claves de seguridad FIDO2 o notificaciones push a través de Microsoft Authenticator.

El acceso condicional también puede generar problemas si las políticas de seguridad están configuradas de manera demasiado restrictiva. Por ejemplo, si una organización aplica reglas que bloquean el acceso desde ciertas ubicaciones o dispositivos, los usuarios pueden encontrarse con bloqueos inesperados. En estos casos, es importante revisar las políticas de acceso condicional y utilizar el modo de auditoría para evaluar su impacto antes de aplicarlas de manera definitiva.

Los errores de autenticación derivados de problemas en la federación de identidades son otro aspecto que requiere supervisión. En entornos híbridos donde se utilizan Active Directory Federation Services (AD

FS) o proveedores de identidad de terceros, las interrupciones en la conexión pueden impedir que los usuarios inicien sesión en aplicaciones en la nube. Para diagnosticar estos incidentes, Entra ID proporciona herramientas de monitoreo que permiten verificar la disponibilidad de los servicios de federación y detectar fallos en la comunicación entre sistemas.

Además del monitoreo en tiempo real, la automatización juega un papel clave en la solución de problemas de autenticación. Mediante Microsoft Sentinel y Azure Monitor, los administradores pueden configurar alertas para recibir notificaciones sobre intentos de acceso inusuales, actividad sospechosa y patrones de autenticación anómalos. Estas herramientas permiten una respuesta rápida ante posibles ataques y facilitan la identificación de tendencias que podrían indicar intentos de compromiso de cuentas.

Para mejorar la resiliencia ante fallos en la autenticación, es recomendable implementar mecanismos de redundancia y recuperación. Entra ID permite configurar opciones de autenticación sin contraseña y métodos de respaldo que facilitan el acceso seguro en caso de que el usuario no pueda utilizar su método principal. Asimismo, la integración con Azure AD Connect Health proporciona información detallada sobre la sincronización de directorios y posibles errores en la autenticación híbrida.

La supervisión y solución de problemas de autenticación en Entra ID son esenciales para mantener la seguridad y la accesibilidad en los entornos empresariales. La combinación de monitoreo en tiempo real, automatización y buenas prácticas en la configuración de políticas de acceso permite minimizar los incidentes de autenticación y garantizar una experiencia fluida para los usuarios. La adopción de estas estrategias fortalece la postura de seguridad de la organización y reduce el impacto operativo de los fallos de autenticación.

Integración de aplicaciones de terceros con Entra ID

La integración de aplicaciones de terceros con Microsoft Entra ID es un elemento clave en la gestión de identidades empresariales, permitiendo a las organizaciones centralizar el control de acceso, mejorar la seguridad y simplificar la experiencia del usuario. A medida que las empresas adoptan soluciones en la nube y aplicaciones SaaS para diversas funciones operativas, la capacidad de gestionar accesos de manera eficiente y segura se vuelve una prioridad. Entra ID ofrece compatibilidad con una amplia variedad de aplicaciones externas, proporcionando métodos de autenticación estándar y herramientas avanzadas para la gestión de permisos y seguridad.

El proceso de integración de aplicaciones de terceros comienza con el registro de la aplicación en Entra ID. Al registrar una aplicación, se le asigna una identidad única dentro del directorio, lo que permite a los administradores definir políticas de acceso, configurar métodos de autenticación y supervisar el uso de la aplicación dentro del entorno organizacional. Dependiendo de la arquitectura de la aplicación, se pueden utilizar diferentes protocolos de autenticación, como OpenID Connect, OAuth 2.0 y SAML, para establecer un acceso seguro y sin fricción.

El uso de autenticación única (SSO) con aplicaciones de terceros es una de las principales ventajas de la integración con Entra ID. Mediante SSO, los usuarios pueden acceder a múltiples aplicaciones utilizando una sola identidad corporativa, eliminando la necesidad de gestionar múltiples credenciales y reduciendo la fatiga de contraseñas. Esta funcionalidad no solo mejora la experiencia del usuario, sino que también minimiza los riesgos asociados con el uso de contraseñas débiles o reutilizadas en distintos servicios.

Además del SSO, Entra ID permite la aplicación de acceso condicional para reforzar la seguridad en la integración con aplicaciones externas. Los administradores pueden definir políticas que restrinjan el acceso en función de factores como la ubicación, el tipo de dispositivo y el nivel de riesgo de la sesión. Esto garantiza que solo los usuarios autorizados puedan acceder a aplicaciones críticas bajo condiciones seguras, protegiendo los datos de la empresa contra accesos no deseados o intentos de compromiso de cuentas.

Otra funcionalidad clave en la integración de aplicaciones de terceros con Entra ID es la delegación de permisos mediante la gestión de consentimientos y roles. Entra ID permite a los administradores controlar qué permisos solicitan las aplicaciones y aprobar o denegar el acceso a datos organizacionales sensibles. Esto es especialmente importante en entornos donde las aplicaciones requieren acceso a información como correos electrónicos, calendarios o archivos almacenados en servicios como Microsoft 365. La gestión adecuada del consentimiento evita que aplicaciones externas accedan a datos innecesarios o comprometan la privacidad y seguridad de la empresa.

El monitoreo y la auditoría de accesos a aplicaciones de terceros es fundamental para garantizar el cumplimiento de políticas de seguridad y normativas de protección de datos. Entra ID proporciona registros detallados de autenticación y uso de aplicaciones, permitiendo a los equipos de seguridad detectar patrones sospechosos, identificar intentos de acceso no autorizados y responder de manera proactiva a posibles incidentes. Estos registros pueden integrarse con herramientas avanzadas de análisis como Microsoft Sentinel para obtener una visión más amplia de la postura de seguridad de la organización.

En entornos donde se requiere un alto nivel de automatización, Entra ID ofrece la posibilidad de gestionar integraciones de aplicaciones mediante Microsoft Graph API y PowerShell. Estas herramientas permiten a los administradores registrar aplicaciones, asignar permisos y configurar políticas de acceso de manera programática, reduciendo la carga operativa y asegurando una implementación consistente en toda la organización.

La integración de aplicaciones de terceros con Entra ID proporciona un marco robusto para la administración de accesos y la seguridad en entornos empresariales modernos. Al centralizar la autenticación, aplicar controles avanzados y monitorear continuamente el acceso a recursos, las organizaciones pueden optimizar la gestión de identidades y proteger la integridad de sus datos sin comprometer la productividad.

El papel de Entra ID en un modelo de seguridad de Confianza Cero

La evolución de las amenazas cibernéticas y la transformación digital han impulsado la necesidad de adoptar un enfoque de seguridad basado en el modelo de Confianza Cero. Este modelo parte de la premisa de que ninguna identidad, dispositivo o red debe ser considerado confiable por defecto, exigiendo autenticación y autorización en cada acceso a recursos corporativos. Microsoft Entra ID desempeña un papel fundamental en la implementación de este enfoque, proporcionando herramientas avanzadas para la gestión de identidades, el control de accesos y la protección contra amenazas en entornos híbridos y en la nube.

El principio básico de Confianza Cero es "nunca confíes, siempre verifica". Para aplicar este concepto, Entra ID requiere que cada solicitud de acceso sea validada en función de múltiples señales contextuales, como la identidad del usuario, el estado del dispositivo, la ubicación y el nivel de riesgo detectado. A través de la autenticación multifactor y el acceso condicional, se garantiza que solo los usuarios legítimos puedan acceder a los recursos adecuados en el momento y contexto correctos.

El acceso condicional es una de las funcionalidades clave de Entra ID dentro de un marco de Confianza Cero. Permite a las organizaciones definir políticas basadas en contexto para evaluar el nivel de riesgo de cada sesión y tomar decisiones dinámicas sobre el acceso. Por ejemplo, un usuario que intenta acceder a una aplicación desde una ubicación desconocida o un dispositivo no administrado puede ser obligado a autenticarse con un factor adicional o incluso ser bloqueado. Esta capacidad de respuesta en tiempo real reduce la superficie de ataque y limita la exposición de los datos corporativos a accesos no autorizados.

Otro pilar fundamental en la aplicación de Confianza Cero con Entra ID es la gestión de identidades y accesos con privilegios mínimos. Las organizaciones deben asegurarse de que los usuarios solo tengan acceso a los recursos estrictamente necesarios para desempeñar sus funciones. Mediante la asignación de roles granulares y la implementación de Privileged Identity Management (PIM), Entra ID permite otorgar privilegios elevados de manera temporal y bajo supervisión. De este modo, se minimiza el riesgo de abuso de privilegios y se reduce la exposición a ataques dirigidos contra cuentas con permisos administrativos.

El monitoreo continuo de accesos y la detección de anomalías son componentes esenciales del modelo de Confianza Cero. Entra ID proporciona registros detallados de autenticación y eventos de seguridad, permitiendo a los equipos de TI analizar tendencias de acceso y responder ante actividades sospechosas. La integración con Microsoft Defender for Identity y Microsoft Sentinel amplía esta capacidad, proporcionando análisis avanzados de comportamiento y detección de amenazas en tiempo real.

El concepto de identidad verificada es otro aspecto crucial en la estrategia de Confianza Cero. Entra ID permite la verificación de identidad mediante tecnologías como claves de seguridad FIDO2 y autenticación sin contraseña, eliminando la dependencia de credenciales tradicionales que pueden ser fácilmente comprometidas. Estas soluciones refuerzan la seguridad y mejoran la experiencia del usuario al ofrecer métodos de autenticación más seguros y convenientes.

Para garantizar una implementación efectiva de Confianza Cero, las organizaciones deben adoptar un enfoque integral que abarque tanto identidades como dispositivos y aplicaciones. Entra ID facilita la administración de dispositivos mediante su integración con Microsoft Intune, permitiendo aplicar políticas de cumplimiento que restringen el acceso a dispositivos no seguros o desactualizados. De este modo, se asegura que solo los equipos que cumplen con los estándares de seguridad de la empresa puedan acceder a los recursos críticos.

El papel de Entra ID en un modelo de Confianza Cero es proporcionar las herramientas necesarias para una protección basada en identidades, aplicando controles adaptativos y automatizados que refuercen la seguridad sin afectar la productividad. Al adoptar este enfoque, las empresas pueden mitigar los riesgos asociados con accesos no autorizados, mejorar la gobernanza de identidades y garantizar una protección continua frente a amenazas en constante evolución.

Aprovechamiento de las alertas de Protección de Identidad de Entra ID

La seguridad de las identidades es un pilar fundamental en cualquier estrategia de ciberseguridad, especialmente en entornos empresariales donde las credenciales de usuario representan el principal vector de ataque. Microsoft Entra ID ofrece Protección de Identidad, una solución que utiliza inteligencia artificial y análisis de riesgos para detectar intentos de acceso sospechosos y actividades anómalas en tiempo real. Para maximizar la eficacia de esta herramienta, es crucial aprovechar las alertas generadas y tomar medidas adecuadas en función de la información proporcionada.

Las alertas de Protección de Identidad en Entra ID se basan en señales de riesgo que identifican comportamientos inusuales en los intentos de autenticación. Entre los indicadores más comunes se encuentran los inicios de sesión desde ubicaciones geográficas inusuales, el uso de credenciales filtradas y patrones de autenticación anómalos. Estos eventos pueden indicar intentos de compromiso de cuenta, ataques de fuerza bruta o el uso de credenciales robadas obtenidas de filtraciones en la dark web.

Cuando se genera una alerta de riesgo, los administradores de seguridad pueden analizar los detalles del evento para determinar la mejor respuesta. Entra ID clasifica los riesgos en diferentes niveles, permitiendo priorizar aquellos que representan una amenaza más significativa. Por ejemplo, un inicio de sesión desde una ubicación geográficamente distante en comparación con la ubicación habitual del usuario puede indicar un acceso no autorizado. Si esta actividad se combina con un intento de deshabilitar la autenticación multifactor, la alerta se eleva a un nivel crítico, requiriendo una acción inmediata.

Una de las principales estrategias para responder a estas alertas es la aplicación de políticas automatizadas de mitigación. Entra ID permite configurar reglas que exijan a los usuarios restablecer su contraseña cuando se detecta un intento de acceso sospechoso. De esta manera, incluso si un atacante logra obtener credenciales válidas, se le impide utilizarlas antes de que el propietario de la cuenta recupere el control.

Otra medida clave es la integración de Protección de Identidad con el acceso condicional. A través de esta combinación, los administradores pueden establecer políticas que bloqueen automáticamente los inicios de sesión de alto riesgo o que requieran autenticación multifactor adicional para verificar la identidad del usuario. Este enfoque permite una respuesta rápida y flexible a amenazas potenciales sin necesidad de intervención manual en cada incidente.

El monitoreo continuo de las alertas es fundamental para mejorar la postura de seguridad de la organización. Microsoft Entra ID proporciona paneles de control e informes detallados sobre los eventos de riesgo detectados, permitiendo a los equipos de seguridad analizar tendencias y patrones en los intentos de ataque. Además, la integración con herramientas como Microsoft Sentinel permite una correlación avanzada de eventos, facilitando la detección de amenazas persistentes y la respuesta coordinada ante incidentes de seguridad.

La automatización de la respuesta a alertas no solo mejora la eficiencia en la gestión de amenazas, sino que también reduce la carga de trabajo del equipo de seguridad. Al establecer flujos de trabajo predefinidos para la resolución de alertas, se minimiza el tiempo de respuesta ante incidentes críticos y se evitan errores humanos en la toma de decisiones.

Para garantizar la eficacia de las alertas de Protección de Identidad, es recomendable realizar auditorías periódicas de las políticas de seguridad y ajustar los umbrales de detección según el comportamiento normal de los usuarios. Esto evita falsos positivos y garantiza que las alertas generadas reflejen amenazas reales que requieren intervención.

El uso proactivo de las alertas de Protección de Identidad en Entra ID permite fortalecer la seguridad de las cuentas corporativas y minimizar el impacto de intentos de acceso no autorizados. Al combinar análisis de riesgos, acceso condicional y respuesta automatizada, las organizaciones pueden adoptar un enfoque dinámico para la protección de identidades, asegurando que solo los usuarios legítimos puedan acceder a los recursos críticos sin comprometer la productividad.

Configuración de Entra ID para empresas globales

Las empresas globales operan en entornos complejos donde la administración de identidades y accesos debe adaptarse a múltiples regiones, normativas locales y estructuras organizativas diversas. Microsoft Entra ID proporciona un marco robusto para gestionar identidades en un entorno distribuido, permitiendo la configuración de políticas que garanticen la seguridad, el cumplimiento normativo y la eficiencia operativa en organizaciones con presencia en distintos países.

Uno de los principales desafíos en la configuración de Entra ID para empresas globales es la administración de múltiples directorios y dominios. Las organizaciones con filiales en diferentes países pueden necesitar gestionar identidades separadas para cada región o consolidar todas sus cuentas bajo un único directorio global. Entra ID permite la integración de múltiples dominios dentro de un solo tenant, lo que facilita la administración centralizada sin comprometer la autonomía operativa de cada región.

El control de acceso basado en la ubicación es una funcionalidad clave para garantizar la seguridad en empresas con empleados distribuidos en distintas partes del mundo. A través del acceso condicional, Entra ID permite establecer políticas que restrinjan o refuercen la autenticación en función de la geolocalización del usuario. Por ejemplo, una organización puede requerir autenticación multifactor para inicios de sesión desde ciertos países o bloquear completamente el acceso desde regiones con alto riesgo de ciberataques.

El uso de unidades administrativas en Entra ID es una estrategia eficaz para delegar la administración de identidades en empresas globales. En lugar de otorgar permisos administrativos a nivel global, las unidades administrativas permiten segmentar la gestión de usuarios y grupos por región, departamento o unidad de negocio. Esto facilita la descentralización del control sin comprometer la seguridad, ya que los administradores locales pueden gestionar usuarios dentro de su ámbito sin afectar el resto del directorio.

La gestión de idiomas y experiencias de usuario localizadas es otro aspecto fundamental en la configuración de Entra ID para empresas globales. Microsoft permite personalizar los mensajes de autenticación, las pantallas de inicio de sesión y las notificaciones en distintos idiomas, lo que mejora la experiencia del usuario final y reduce la confusión en entornos multilingües. Además, la compatibilidad con múltiples proveedores de identidad federada permite que los empleados utilicen credenciales de autenticación locales cuando sea necesario.

El cumplimiento normativo es una prioridad en organizaciones con presencia internacional, ya que deben adherirse a regulaciones como el RGPD en Europa, la CCPA en California y otras normativas específicas de cada país. Entra ID proporciona herramientas avanzadas de auditoría y monitoreo que permiten generar reportes detallados sobre accesos y cambios en las identidades, facilitando la demostración de cumplimiento ante auditorías internas y externas.

La resiliencia y disponibilidad del servicio son consideraciones críticas para empresas globales que operan en múltiples zonas horarias. Entra ID se integra con Azure AD Connect y otras soluciones de sincronización para garantizar que las identidades y los permisos se repliquen en tiempo real, minimizando los tiempos de inactividad y asegurando la continuidad operativa. Además, la capacidad de habilitar autenticación sin contraseña y métodos de recuperación de cuenta basados en políticas de seguridad refuerza la protección de los accesos en todo el mundo.

La optimización del rendimiento en la autenticación es otro factor clave en entornos globales. Entra ID permite configurar puntos de presencia distribuidos que reducen la latencia en los inicios de sesión y mejoran la experiencia del usuario en regiones alejadas de los centros de datos principales. Esto es especialmente útil en organizaciones que utilizan aplicaciones SaaS críticas para la operación diaria y requieren tiempos de respuesta mínimos en todas sus sedes.

Microsoft Entra ID ofrece una solución escalable y segura para la gestión de identidades en empresas globales, permitiendo una administración centralizada con controles descentralizados según las necesidades de cada región. Al aplicar estrategias de acceso condicional, segmentación administrativa y personalización de la experiencia de usuario, las organizaciones pueden garantizar la seguridad de sus identidades digitales sin afectar la productividad ni la flexibilidad operativa.

Personalización de la marca y las experiencias de los usuarios finales en Entra ID

La identidad visual y la experiencia del usuario son aspectos fundamentales en la gestión de accesos y autenticación dentro de una organización. Microsoft Entra ID ofrece múltiples opciones de personalización para garantizar que la experiencia de inicio de sesión y uso de los servicios refleje la identidad corporativa de la empresa. Esta capacidad no solo mejora la percepción de la marca por parte de los empleados, clientes y socios, sino que también contribuye a la seguridad al proporcionar una experiencia de autenticación familiar y confiable.

Una de las principales opciones de personalización en Entra ID es la modificación de la página de inicio de sesión. Las organizaciones pueden adaptar la apariencia del portal de autenticación para incluir logotipos, colores corporativos y mensajes personalizados. Esta personalización es especialmente útil en entornos donde los usuarios interactúan con múltiples sistemas y necesitan una experiencia coherente en cada punto de acceso. Al integrar la identidad visual de la empresa en el proceso de autenticación, se refuerza la confianza y se reduce la probabilidad de que los usuarios caigan en ataques de phishing o intentos de suplantación de identidad.

Además de la personalización visual, Entra ID permite configurar mensajes de ayuda y enlaces a recursos internos en la pantalla de inicio de sesión. Esto facilita el soporte a los usuarios al proporcionar información sobre recuperación de contraseñas, asistencia técnica y políticas de seguridad antes de que enfrenten problemas de acceso. Al ofrecer orientación clara y accesible en el punto de autenticación, se reduce la carga del equipo de soporte y se mejora la experiencia general del usuario.

La personalización en Entra ID también abarca la configuración de experiencias de acceso condicional adaptadas a distintos perfiles de usuario. Las organizaciones pueden definir políticas específicas para empleados, contratistas y clientes, asegurando que cada grupo de usuarios interactúe con el sistema de acuerdo con sus necesidades y niveles de privilegio. Por ejemplo, los empleados internos pueden acceder con autenticación única, mientras que los socios externos deben cumplir con requisitos adicionales, como autenticación multifactor y validación de dispositivos.

Otro aspecto clave en la experiencia del usuario final es la integración de Entra ID con el ecosistema de aplicaciones de la empresa. Las organizaciones pueden personalizar los paneles de acceso para que los usuarios tengan una vista clara y organizada de las aplicaciones disponibles, con accesos directos a las herramientas más utilizadas. Esto optimiza la productividad y reduce la fricción en el uso de las plataformas empresariales, permitiendo que los empleados encuentren rápidamente los recursos que necesitan.

El acceso sin contraseña es otra funcionalidad que mejora significativamente la experiencia del usuario final. Entra ID permite configurar métodos de autenticación modernos, como Windows Hello, claves de seguridad FIDO2 y la aplicación Microsoft Authenticator.

Estos métodos eliminan la dependencia de contraseñas tradicionales y proporcionan un inicio de sesión más rápido y seguro. La adopción de autenticación sin contraseña también reduce la incidencia de bloqueos de cuenta y solicitudes de restablecimiento de credenciales, mejorando la eficiencia operativa y la satisfacción del usuario.

La personalización de notificaciones y alertas en Entra ID permite mejorar la comunicación con los usuarios finales. Las empresas pueden configurar mensajes específicos para eventos como intentos de acceso sospechosos, cambios de contraseña y revisiones de acceso. Estas notificaciones pueden adaptarse a distintos idiomas y regiones, garantizando que los usuarios reciban información clara y relevante en función de su ubicación y perfil.

En entornos empresariales globales, donde los usuarios pueden estar distribuidos en diferentes regiones y hablar distintos idiomas, la capacidad de personalizar la experiencia en Entra ID es esencial. Microsoft permite definir configuraciones específicas para diferentes grupos de usuarios, asegurando que cada persona reciba una experiencia optimizada y alineada con las políticas corporativas.

La personalización de la marca y la experiencia del usuario en Entra ID no solo fortalece la identidad corporativa, sino que también mejora la seguridad y la usabilidad del sistema. Al ofrecer un entorno de autenticación coherente, intuitivo y adaptado a las necesidades de cada usuario, las organizaciones pueden optimizar la gestión de identidades y garantizar un acceso seguro y eficiente a sus recursos digitales.

Uso de grupos dinámicos en Entra ID

La administración eficiente de usuarios y accesos en una organización requiere herramientas que permitan automatizar la asignación de permisos y la gestión de identidades sin intervención manual constante. Los grupos dinámicos en Microsoft Entra ID ofrecen una solución poderosa para gestionar la pertenencia a grupos de manera automática en función de reglas predefinidas, facilitando la administración de acceso a recursos, aplicaciones y permisos según el rol o características de los usuarios dentro de la organización.

Los grupos dinámicos se basan en reglas de membresía que determinan qué usuarios o dispositivos deben formar parte de un grupo sin necesidad de asignaciones manuales. Estas reglas pueden definirse en función de atributos específicos almacenados en Entra ID, como el departamento, la ubicación, el cargo o cualquier otro campo personalizado dentro del directorio. Cuando los atributos de un usuario cambian, la membresía del grupo se actualiza automáticamente, asegurando que los accesos siempre reflejen la estructura organizativa actual.

Uno de los principales beneficios de los grupos dinámicos es la reducción de la carga administrativa. En organizaciones grandes con un alto volumen de movimientos de personal, gestionar manualmente la asignación de grupos y permisos puede ser un proceso tedioso y propenso a errores. Con los grupos dinámicos, los administradores pueden establecer reglas claras que garanticen que cada usuario tenga acceso solo a los recursos que necesita, eliminando la posibilidad de permisos excesivos o desactualizados.

El uso de grupos dinámicos también mejora la seguridad al aplicar el principio de privilegios mínimos. Al automatizar la asignación y eliminación de membresía en función de reglas bien definidas, se evita que los usuarios acumulen accesos innecesarios a lo largo del tiempo. Esto es particularmente útil en sectores donde la rotación de personal es alta o en entornos donde los permisos deben ser modificados con frecuencia según los cambios en la estructura organizativa.

En escenarios de acceso a aplicaciones, los grupos dinámicos permiten asignar licencias y permisos de forma eficiente. Por ejemplo, una empresa puede crear un grupo dinámico para todos los empleados de un departamento específico y asignarles automáticamente acceso a las herramientas que utilizan en su día a día, como Microsoft 365, SharePoint o aplicaciones personalizadas. De esta manera, cuando un nuevo empleado se une al equipo, recibe automáticamente los permisos adecuados sin necesidad de intervención manual.

La administración de dispositivos también se ve beneficiada con el uso de grupos dinámicos en Entra ID. Es posible definir grupos basados en atributos de los dispositivos, como el sistema operativo, la ubicación geográfica o la pertenencia a una unidad organizativa. Esto permite, por ejemplo, aplicar políticas de seguridad específicas a todos los dispositivos Windows 11 de una empresa o restringir ciertos accesos a dispositivos personales que no cumplen con los requisitos de seguridad establecidos.

La integración de grupos dinámicos con el acceso condicional en Entra ID amplía aún más sus capacidades de seguridad y control. Mediante esta combinación, las organizaciones pueden definir políticas de acceso que se apliquen automáticamente en función de la pertenencia a grupos dinámicos. Un ejemplo práctico es exigir autenticación multifactor a todos los usuarios que formen parte de un grupo dinámico de administradores o bloquear accesos a recursos sensibles si el usuario no pertenece a un grupo con dispositivos conformes.

Los grupos dinámicos en Entra ID ofrecen flexibilidad en su configuración y pueden utilizar expresiones avanzadas para definir reglas de membresía más sofisticadas. Esto permite crear combinaciones de condiciones basadas en múltiples atributos, como incluir a todos los empleados de un país específico que pertenezcan a un departamento determinado y que tengan un cargo gerencial. Esta capacidad avanzada facilita la implementación de estructuras organizativas complejas sin necesidad de configuraciones manuales repetitivas.

La supervisión y auditoría de los grupos dinámicos es un aspecto clave para garantizar su correcto funcionamiento. Entra ID permite a los administradores revisar los cambios en la membresía de los grupos, asegurando que las reglas definidas se estén aplicando correctamente. Además, es posible generar informes sobre los accesos concedidos a través de los grupos dinámicos, lo que facilita la verificación del cumplimiento normativo y la identificación de posibles inconsistencias en la asignación de permisos.

El uso de grupos dinámicos en Entra ID simplifica significativamente la administración de identidades y accesos, proporcionando una solución automatizada y escalable para la gestión de usuarios y dispositivos en entornos empresariales. Al definir reglas claras basadas en atributos, las organizaciones pueden optimizar la asignación de permisos, reforzar la seguridad y garantizar que los accesos sean siempre precisos y actualizados, alineándose con la estructura y necesidades operativas de la empresa.

Exploración de las opciones de licencias y suscripciones de Entra ID

Microsoft Entra ID ofrece diferentes opciones de licencias y suscripciones para adaptarse a las necesidades de las organizaciones en términos de identidad, acceso y seguridad. La elección de la licencia adecuada permite a las empresas optimizar la gestión de identidades, mejorar la seguridad de los accesos y garantizar el cumplimiento normativo. En función del nivel de funcionalidad requerido, Entra ID dispone de versiones gratuitas y de pago que proporcionan distintas características y capacidades avanzadas para la administración de identidades.

La versión gratuita de Entra ID proporciona una funcionalidad básica de autenticación y administración de identidades. Esta opción es ideal para organizaciones que buscan una solución sencilla para gestionar usuarios y accesos sin necesidad de funcionalidades avanzadas. Con la licencia gratuita, las empresas pueden administrar usuarios y grupos, sincronizar directorios locales con Azure AD Connect y utilizar el inicio de sesión único (SSO) para aplicaciones integradas con Microsoft 365 y otros servicios compatibles. Sin embargo, las capacidades de seguridad y monitoreo son limitadas, lo que puede representar un desafío para organizaciones con requisitos más exigentes en términos de protección y cumplimiento.

Para aquellas empresas que requieren mayor seguridad y control, Microsoft ofrece Entra ID con planes premium, conocidos como P1 y P2. Estas licencias proporcionan funcionalidades avanzadas que van más allá de la simple gestión de identidades, incluyendo el acceso condicional, autenticación multifactor y automatización de procesos de identidad. Entra ID P1 es adecuado para empresas que necesitan políticas de acceso más flexibles y herramientas de protección adicionales. Este nivel permite configurar acceso condicional basado en el contexto del usuario, su dispositivo o la ubicación desde la que se conecta, reduciendo el riesgo de accesos no autorizados. Además, habilita el autoservicio de restablecimiento de contraseña, disminuyendo la carga del soporte técnico y mejorando la experiencia del usuario.

Entra ID P2, por otro lado, proporciona la máxima funcionalidad en términos de seguridad y gobernanza de identidades. Este plan está diseñado para organizaciones con altos requerimientos de cumplimiento y gestión avanzada de accesos privilegiados. Incluye Privileged Identity Management (PIM), una herramienta que permite administrar y controlar los permisos de los usuarios con privilegios elevados, reduciendo la exposición de cuentas administrativas a ataques cibernéticos. También ofrece Protección de Identidad, una funcionalidad basada en inteligencia artificial que detecta actividades sospechosas e identifica intentos de compromiso de cuentas en tiempo real. Además, permite realizar revisiones periódicas de acceso para garantizar que solo los usuarios autorizados mantengan sus permisos, reforzando la seguridad y reduciendo el riesgo de accesos indebidos.

Las licencias de Entra ID también están disponibles como parte de los planes de Microsoft 365, lo que permite a las organizaciones integrar la gestión de identidades con herramientas empresariales como Exchange Online, Teams y SharePoint. Dependiendo del nivel de suscripción a Microsoft 365, las empresas pueden acceder a diferentes versiones de Entra ID, asegurando una administración centralizada y cohesiva de identidades en toda la plataforma.

Microsoft también ofrece la opción de pago por uso en algunas funcionalidades específicas de Entra ID, lo que permite a las organizaciones escalar sus capacidades según las necesidades sin necesidad de adquirir una licencia completa. Esto es útil en entornos donde se requieren características avanzadas de manera puntual, como el acceso condicional para determinados usuarios o la gestión temporal de privilegios administrativos mediante PIM.

La elección de la licencia adecuada depende del tamaño de la organización, su nivel de exposición a riesgos de seguridad y sus necesidades de cumplimiento normativo. Empresas pequeñas pueden beneficiarse de la versión gratuita o del plan P1 si requieren seguridad adicional sin una gestión avanzada de identidades. En cambio, organizaciones grandes con estructuras complejas y altos requerimientos de gobernanza suelen optar por Entra ID P2 para maximizar la seguridad, la automatización de identidades y el cumplimiento de normativas.

Microsoft proporciona herramientas para evaluar las necesidades de identidad y seguridad de una organización, permitiendo a los administradores tomar decisiones informadas sobre qué licencia contratar. Además, la integración con otras soluciones de Microsoft y su escalabilidad hacen que Entra ID sea una opción flexible para empresas en crecimiento o con entornos híbridos que combinan infraestructura local y en la nube.

La correcta elección de una suscripción de Entra ID garantiza que la organización tenga un equilibrio adecuado entre seguridad, control de acceso y eficiencia operativa. Cada nivel de licencia ofrece capacidades específicas que permiten a las empresas personalizar la administración de identidades según sus necesidades, asegurando la protección de sus recursos y optimizando la gestión del acceso en todo su ecosistema digital.

Comprensión de la plataforma de identidad de Microsoft

La plataforma de identidad de Microsoft es un conjunto de herramientas y servicios diseñados para gestionar y proteger la autenticación y el acceso a aplicaciones, dispositivos y servicios dentro de una organización. En un entorno digital cada vez más interconectado, donde los datos y recursos se distribuyen entre infraestructuras locales y en la nube, contar con un sistema robusto de gestión de identidades es fundamental para garantizar la seguridad y la eficiencia operativa.

Microsoft Entra ID es el núcleo de la plataforma de identidad de Microsoft y proporciona autenticación centralizada, administración de accesos y protección contra amenazas basadas en identidad. Este servicio permite que los usuarios inicien sesión de manera segura en aplicaciones de Microsoft 365, Azure y en miles de aplicaciones de terceros integradas, eliminando la necesidad de múltiples credenciales y reduciendo los riesgos asociados con el uso de contraseñas débiles o repetidas.

La autenticación en la plataforma de identidad de Microsoft se basa en estándares abiertos como OAuth 2.0, OpenID Connect y SAML, lo que permite a las empresas integrar fácilmente sus aplicaciones y servicios sin depender de tecnologías propietarias. Esto facilita la interoperabilidad con diversas plataformas y la adopción de modelos híbridos, donde las organizaciones pueden combinar identidades locales de Active Directory con identidades en la nube mediante Azure AD Connect.

Uno de los pilares fundamentales de la plataforma es el acceso condicional, que permite aplicar reglas de seguridad dinámicas basadas en el contexto del usuario, el dispositivo y la ubicación desde la que se realiza el intento de acceso. Con estas reglas, una empresa puede exigir autenticación multifactor solo cuando se detecten intentos desde ubicaciones inusuales o dispositivos no administrados, mejorando la seguridad sin afectar la experiencia del usuario.

El concepto de identidad verificada cobra una importancia creciente en la plataforma de Microsoft. Tecnologías como Windows Hello for Business, claves de seguridad FIDO2 y la autenticación sin contraseña proporcionan métodos de acceso más seguros y resistentes a ataques de phishing. Al eliminar la dependencia de contraseñas tradicionales, la plataforma de identidad de Microsoft ayuda a las organizaciones a reducir la superficie de ataque y mejorar la protección de sus recursos críticos.

Para gestionar el acceso a recursos de forma granular, la plataforma incluye Privileged Identity Management (PIM), una solución que permite la concesión temporal de permisos administrativos. En lugar de asignar privilegios elevados de manera permanente, los usuarios pueden solicitar acceso a roles administrativos solo cuando los necesiten y bajo aprobación, reduciendo el riesgo de abuso de privilegios y minimizando la exposición a ataques dirigidos.

Microsoft también incorpora Protección de Identidad en su plataforma, una solución basada en inteligencia artificial que analiza patrones de autenticación para detectar actividades sospechosas. Cuando se identifica un intento de acceso con un nivel de riesgo elevado, se pueden tomar medidas automáticas como requerir autenticación multifactor, bloquear la sesión o solicitar un restablecimiento de contraseña. Esta capacidad de respuesta en tiempo real mejora la seguridad y permite detectar intentos de compromiso antes de que se materialicen en incidentes de seguridad.

Otro aspecto clave de la plataforma de identidad de Microsoft es su capacidad de integración con aplicaciones empresariales. Mediante Microsoft Graph API, las organizaciones pueden automatizar procesos de identidad, gestionar permisos y obtener información detallada sobre los accesos de los usuarios. Esto permite optimizar la administración de identidades y mejorar la visibilidad sobre el uso de los recursos corporativos.

Las auditorías y el monitoreo en tiempo real son componentes esenciales de la plataforma, permitiendo a los administradores supervisar intentos de inicio de sesión, cambios en permisos y actividades inusuales dentro del entorno. La integración con Microsoft Sentinel proporciona capacidades avanzadas de detección y respuesta ante amenazas, correlacionando eventos de identidad con otros datos de seguridad para obtener una visión completa de los riesgos dentro de la organización.

La plataforma de identidad de Microsoft es un elemento central en la estrategia de seguridad y administración de accesos de cualquier organización moderna. Su combinación de autenticación avanzada, control de accesos basado en riesgos, automatización y monitoreo continuo permite a las empresas proteger sus recursos de manera efectiva sin afectar la productividad de los usuarios. Al adoptar un enfoque basado en identidad, las organizaciones pueden garantizar una seguridad más sólida y una gestión eficiente de los accesos en un entorno digital en constante evolución.

Migración de soluciones de identidad heredadas a Entra ID

Las organizaciones que han gestionado identidades durante décadas a menudo dependen de soluciones heredadas que, aunque funcionales, presentan limitaciones en términos de escalabilidad, seguridad y compatibilidad con entornos modernos en la nube. La transición a Microsoft Entra ID representa una oportunidad para mejorar la administración de identidades, garantizar una autenticación más segura y habilitar el acceso unificado a recursos tanto en la nube como en entornos híbridos. Sin embargo, la migración de una infraestructura de identidad heredada a Entra ID requiere una planificación estratégica para minimizar interrupciones y garantizar una adopción fluida.

El primer paso en una migración exitosa es evaluar la infraestructura actual de identidades y accesos. Muchas organizaciones aún dependen de Active Directory local, sistemas de autenticación con LDAP o plataformas de gestión de identidades que han sido personalizadas con el tiempo. Es fundamental realizar un inventario detallado de usuarios, grupos, permisos y aplicaciones integradas para comprender el impacto de la transición y definir un plan adecuado. Identificar dependencias y procesos críticos permitirá diseñar una estrategia de migración estructurada y evitar la pérdida de accesos esenciales durante la transición.

Una vez que se ha completado la evaluación inicial, el siguiente paso es establecer un modelo de coexistencia que permita a la organización operar tanto con la solución heredada como con Entra ID durante un período de transición. Azure AD Connect es una herramienta clave en este proceso, ya que permite sincronizar identidades entre Active Directory local y Entra ID, facilitando la adopción progresiva de la nueva plataforma sin afectar la productividad de los usuarios. La configuración de la sincronización híbrida es una opción recomendada para empresas que requieren una transición gradual, especialmente aquellas con aplicaciones críticas que dependen del directorio local.

El proceso de migración también implica la modernización de los métodos de autenticación. Muchas soluciones heredadas dependen de autenticaciones basadas en NTLM o Kerberos, que no siempre son compatibles con servicios modernos en la nube. La adopción de autenticación moderna basada en OpenID Connect y OAuth 2.0 es esencial para garantizar una experiencia de acceso segura y sin fricciones en Entra ID. Además, la implementación de autenticación multifactor refuerza la seguridad y protege las cuentas contra accesos no autorizados, reduciendo el riesgo de ataques basados en credenciales comprometidas.

Una parte crucial de la migración es la adaptación de políticas de acceso y permisos. En muchos sistemas heredados, los permisos de usuario pueden haber sido asignados de forma manual y con poca estandarización, lo que genera riesgos de seguridad y dificultades de administración. Entra ID permite aprovechar grupos dinámicos y el control de acceso basado en roles (RBAC) para asignar permisos de manera estructurada y automatizada, garantizando que los usuarios solo tengan acceso a los recursos que realmente necesitan.

La integración de aplicaciones con Entra ID es otro desafío clave en la migración. Muchas aplicaciones empresariales antiguas fueron diseñadas para depender de directorios locales y no son compatibles de manera nativa con Entra ID. En estos casos, es posible utilizar Azure AD Application Proxy para permitir el acceso seguro a aplicaciones locales sin necesidad de modificar su arquitectura original. Para aplicaciones modernas, la migración puede implicar la reconfiguración de la autenticación para que utilicen Entra ID como proveedor de identidad, lo que simplifica la gestión y fortalece la seguridad.

El monitoreo y la auditoría son aspectos fundamentales en cualquier migración de identidades. Entra ID ofrece herramientas avanzadas para el registro de actividades y la detección de riesgos, lo que permite supervisar el acceso de los usuarios y responder de manera proactiva ante posibles amenazas. Configurar alertas y realizar revisiones periódicas de accesos garantiza que la transición a Entra ID se lleve a cabo de manera segura y sin vulnerabilidades explotables.

El proceso de migración no solo implica cambios técnicos, sino también una estrategia de comunicación y formación para los usuarios.

Es importante garantizar que los empleados comprendan los beneficios de la nueva plataforma y se familiaricen con los nuevos procesos de autenticación. La capacitación en el uso de herramientas como Microsoft Authenticator, la gestión de accesos y las políticas de seguridad ayudará a minimizar la resistencia al cambio y facilitará la adopción de Entra ID en toda la organización.

La migración de soluciones de identidad heredadas a Entra ID es un paso esencial para las empresas que buscan modernizar su infraestructura y fortalecer la seguridad del acceso a sus recursos. Con una planificación adecuada, la implementación de un modelo híbrido de transición y la adopción de tecnologías de autenticación moderna, las organizaciones pueden beneficiarse de una gestión de identidades más eficiente, flexible y alineada con los desafíos del entorno digital actual.

Protección de API y microservicios con Entra ID

Las API y los microservicios son elementos fundamentales en la arquitectura moderna de aplicaciones, permitiendo la comunicación entre sistemas y la integración de servicios en entornos distribuidos. Sin embargo, su exposición a redes públicas y la dependencia de autenticaciones automatizadas los convierten en objetivos frecuentes de ataques cibernéticos. Microsoft Entra ID ofrece un conjunto de herramientas y capacidades avanzadas para proteger estas interfaces, garantizando un acceso seguro y controlado mediante autenticación basada en identidades y autorizaciones bien definidas.

La protección de API con Entra ID comienza con la implementación de autenticación basada en tokens utilizando estándares como OAuth 2.0 y OpenID Connect. Estos protocolos permiten a las aplicaciones y servicios autenticar a los usuarios sin almacenar credenciales sensibles, reduciendo el riesgo de exposición. Mediante el uso de tokens de acceso, Entra ID permite que los clientes autenticados accedan a los recursos de la API con permisos claramente delimitados. Cada solicitud debe incluir un token válido, emitido por Entra ID tras un proceso de autenticación exitoso, lo que evita accesos no autorizados.

Los tokens de acceso generados por Entra ID tienen una vigencia limitada y están diseñados para minimizar los riesgos en caso de compromiso. Además, se pueden configurar políticas de actualización de tokens para asegurar que los clientes vuelvan a autenticarse después de un tiempo determinado, evitando el uso prolongado de credenciales antiguas. Este enfoque reduce significativamente la exposición a ataques de reutilización de tokens y acceso prolongado no autorizado.

El control de acceso granular es un aspecto clave en la protección de API y microservicios. Entra ID permite definir permisos detallados mediante la configuración de ámbitos y roles, asegurando que cada aplicación o usuario solo pueda realizar las operaciones específicas para las que ha sido autorizado. En una arquitectura basada en microservicios, donde cada servicio puede tener distintas funciones y niveles de acceso, la correcta definición de permisos evita escalaciones de privilegios no deseadas y garantiza que cada componente solo interactúe con los recursos necesarios.

El acceso condicional de Entra ID proporciona una capa adicional de seguridad al evaluar el contexto de cada solicitud antes de conceder acceso. Esta funcionalidad permite restringir el acceso a API en función de la ubicación, el estado del dispositivo o la identidad del usuario, bloqueando intentos sospechosos automáticamente. Por ejemplo, si un microservicio intenta acceder a una API desde una ubicación inusual o sin cumplir con los requisitos de cumplimiento de la empresa, el acceso puede ser denegado o sometido a verificación adicional.

La integración con Microsoft Defender for Cloud Apps amplía aún más las capacidades de protección al monitorear el tráfico de API y detectar comportamientos anómalos en tiempo real. Defender for Cloud Apps permite identificar patrones de acceso inusuales, como múltiples intentos de autenticación fallidos o el uso de credenciales comprometidas en API críticas. Estas alertas permiten a los equipos de seguridad tomar medidas preventivas y reforzar las políticas de acceso de manera proactiva.

La gestión de identidades de aplicaciones es otro aspecto clave en la protección de API y microservicios. Entra ID permite registrar aplicaciones y asignarles identidades administradas, eliminando la necesidad de almacenar claves de acceso o secretos en el código. Las identidades administradas facilitan la autenticación segura entre servicios sin exponer credenciales sensibles, reduciendo la posibilidad de filtraciones y accesos no autorizados.

El uso de auditorías y registros de actividad en Entra ID permite supervisar los intentos de acceso a API y microservicios, proporcionando visibilidad sobre quién accede a qué recursos y desde dónde. Los administradores pueden analizar estos registros para identificar patrones de uso, detectar posibles amenazas y ajustar las políticas de acceso según sea necesario. La integración con Microsoft Sentinel permite correlacionar eventos de seguridad y responder a incidentes en tiempo real, fortaleciendo aún más la postura de seguridad de la organización.

La protección de API y microservicios con Entra ID permite a las organizaciones implementar modelos de acceso seguro sin comprometer la agilidad y escalabilidad de sus servicios. Al aprovechar autenticación basada en tokens, acceso condicional, identidades administradas y monitoreo continuo, las empresas pueden reducir los riesgos asociados con accesos no autorizados y garantizar la integridad de sus aplicaciones. Este enfoque proporciona un marco robusto para la seguridad en entornos distribuidos, alineando la protección de identidades con las mejores prácticas en la gestión de microservicios y API.

Implementación de acceso Just-in-Time en Entra ID

La gestión de accesos en una organización es un elemento clave para garantizar la seguridad y eficiencia en el uso de los recursos. Microsoft Entra ID ofrece la funcionalidad de acceso Just-in-Time (JIT) a través de Privileged Identity Management (PIM), una solución diseñada para reducir el riesgo de exposición de privilegios administrativos al conceder permisos solo cuando son necesarios y por un tiempo limitado. Este enfoque minimiza la ventana de oportunidad para que actores malintencionados exploten cuentas con privilegios elevados y permite a las empresas aplicar el principio de privilegios mínimos de manera efectiva.

El acceso Just-in-Time en Entra ID funciona mediante la asignación de roles elegibles en lugar de permisos permanentes. En este modelo, un usuario con acceso potencial a un rol administrativo no lo posee de forma continua, sino que debe activarlo explícitamente cuando lo necesite. Este proceso puede incluir un flujo de aprobación donde un administrador o supervisor debe validar la solicitud antes de que se concedan los permisos. Al restringir la disponibilidad de accesos elevados, se reduce el riesgo de ataques dirigidos contra cuentas con privilegios persistentes.

La autenticación multifactor (MFA) juega un papel esencial en la implementación de acceso Just-in-Time. Entra ID permite requerir MFA cada vez que un usuario solicita la activación de un rol privilegiado, lo que añade una capa adicional de seguridad y dificulta el uso indebido de credenciales comprometidas. Además, las organizaciones pueden configurar justificaciones obligatorias, lo que significa que cada solicitud de acceso debe incluir una explicación del motivo por el cual se necesita el permiso. Este registro permite auditar y evaluar el uso de accesos elevados en la empresa.

El tiempo de duración del acceso es otro parámetro clave en la configuración de Just-in-Time. Los administradores pueden definir períodos específicos en los que un usuario tiene permisos elevados antes de que estos se revoquen automáticamente. Esto asegura que los accesos privilegiados sean temporales y que no se mantengan activos más tiempo del necesario. Si un usuario requiere acceso de nuevo, debe volver a solicitarlo, lo que refuerza la supervisión y reduce la posibilidad de abusos o accesos indebidos prolongados.

La supervisión y auditoría de accesos en un entorno Just-in-Time son fundamentales para garantizar que la implementación se lleve a cabo de manera efectiva. Microsoft Entra ID proporciona registros detallados sobre la activación de roles, incluyendo quién solicitó el acceso, cuándo se concedió y por cuánto tiempo. Estos registros pueden analizarse en tiempo real para detectar patrones de uso anómalos o intentos de escalación de privilegios sospechosos. La integración con herramientas como Microsoft Sentinel permite correlacionar estos eventos con otros datos de seguridad y generar alertas automatizadas ante actividades sospechosas.

El acceso Just-in-Time también se puede aplicar a la gestión de grupos y recursos en la nube. Entra ID permite que los usuarios soliciten membresía temporal en grupos específicos que otorgan acceso a aplicaciones críticas o información sensible. Este enfoque asegura que los usuarios solo tengan acceso mientras realmente lo necesiten, reduciendo la exposición de datos y limitando el impacto de posibles brechas de seguridad.

Otro beneficio clave de la implementación de Just-in-Time en Entra ID es la reducción del impacto en auditorías de seguridad y cumplimiento normativo. Al demostrar que los accesos privilegiados están controlados, documentados y limitados en el tiempo, las organizaciones pueden cumplir con regulaciones como ISO 27001, NIST y GDPR. La capacidad de generar reportes detallados sobre el uso de permisos administrativos permite a los equipos de seguridad y cumplimiento demostrar que se están aplicando buenas prácticas en la gestión de identidades.

La implementación de acceso Just-in-Time en Entra ID transforma la gestión de privilegios al proporcionar un modelo dinámico y seguro que reduce el riesgo de acceso no autorizado. Al aplicar autenticación multifactor, establecer reglas de duración y registrar detalladamente el uso de privilegios, las organizaciones pueden reforzar su seguridad sin afectar la productividad de los usuarios. Este enfoque ofrece un equilibrio entre control y flexibilidad, asegurando que los permisos se concedan únicamente cuando son necesarios y bajo las condiciones adecuadas.

Uso de registros y conocimientos de Entra ID para el análisis de seguridad

El análisis de seguridad en una organización depende en gran medida de la capacidad para recopilar, procesar y analizar registros de actividad en tiempo real. Microsoft Entra ID proporciona un conjunto completo de registros y conocimientos que permiten a los administradores de TI y equipos de seguridad monitorear los accesos, detectar comportamientos sospechosos y responder de manera proactiva a amenazas. Estos registros son fundamentales para la detección de intentos de acceso no autorizado, el cumplimiento normativo y la optimización de políticas de seguridad dentro del entorno corporativo.

Entra ID genera varios tipos de registros que ayudan a comprender la actividad de los usuarios y los eventos de seguridad dentro de la organización. Los registros de inicio de sesión proporcionan información detallada sobre cada intento de autenticación, incluyendo la identidad del usuario, la ubicación geográfica, la dirección IP, el dispositivo utilizado y el resultado del intento de acceso. Estos datos permiten identificar patrones anómalos, como intentos de autenticación desde ubicaciones inusuales o el uso de credenciales comprometidas, lo que puede indicar una posible amenaza de seguridad.

Otro conjunto clave de registros en Entra ID es el de auditoría, que documenta cambios en la configuración del directorio, la asignación de roles y las modificaciones en los permisos de acceso. Estos registros son esenciales para realizar un seguimiento de las actividades administrativas y garantizar que los cambios en la infraestructura de identidades sean legítimos. En entornos regulados, donde el cumplimiento de normativas como GDPR, ISO 27001 y NIST es obligatorio, los registros de auditoría juegan un papel fundamental en la demostración de que las políticas de seguridad se están aplicando correctamente.

La detección de riesgos en Entra ID se basa en la recopilación y análisis de datos en tiempo real mediante inteligencia artificial y machine learning. La funcionalidad de Protección de Identidad evalúa cada intento de inicio de sesión en busca de señales de riesgo, como el uso de credenciales filtradas en bases de datos de cibercriminales, intentos de autenticación desde dispositivos desconocidos o accesos simultáneos desde ubicaciones geográficamente distantes. Cuando se detecta una actividad sospechosa, Entra ID puede generar alertas automáticas y aplicar acciones de mitigación, como exigir autenticación multifactor, bloquear temporalmente la cuenta o forzar un restablecimiento de contraseña.

El uso de Microsoft Sentinel en combinación con Entra ID permite una integración avanzada de los registros de seguridad dentro de un sistema de información y gestión de eventos de seguridad (SIEM). Microsoft Sentinel proporciona análisis de amenazas en tiempo real, correlacionando eventos de diferentes fuentes para detectar posibles ataques sofisticados. Los equipos de seguridad pueden crear reglas personalizadas para generar alertas cuando se detectan comportamientos anómalos, como intentos repetidos de acceso fallido desde múltiples ubicaciones o la elevación inesperada de privilegios en cuentas administrativas.

El acceso condicional basado en registros de Entra ID es una herramienta clave para reforzar la seguridad de los accesos en función de la información recopilada en tiempo real. Las organizaciones pueden configurar políticas que restrinjan o bloqueen accesos basándose en datos históricos de autenticación y en el nivel de riesgo calculado por el sistema. Si un usuario intenta acceder desde un dispositivo no administrado o una ubicación con alta incidencia de ciberataques, Entra ID puede requerir medidas de autenticación adicionales o incluso impedir el acceso a recursos sensibles.

Los registros de actividad de Entra ID también son útiles para evaluar el rendimiento de las políticas de seguridad y optimizar la configuración del entorno. Mediante el análisis de tendencias de acceso y patrones de comportamiento de los usuarios, las empresas pueden identificar áreas donde las configuraciones actuales pueden estar generando fricción innecesaria sin mejorar significativamente la seguridad. Ajustar los niveles de protección en función de datos reales ayuda a lograr un equilibrio entre seguridad y experiencia del usuario.

Las organizaciones que implementan una estrategia sólida basada en el análisis de registros y conocimientos de Entra ID pueden mejorar su postura de seguridad de manera significativa. La combinación de monitoreo en tiempo real, inteligencia artificial y automatización de respuestas permite detectar amenazas antes de que se conviertan en incidentes críticos. Además, la capacidad de auditar y documentar cada acceso y cambio dentro del sistema refuerza el cumplimiento normativo y proporciona evidencia ante auditorías de seguridad.

El aprovechamiento de los registros y conocimientos de Entra ID permite a las empresas adoptar un enfoque basado en datos para la protección de identidades y accesos. La recopilación y análisis de eventos en tiempo real, combinados con la automatización de respuestas a amenazas, proporciona un modelo de seguridad dinámico y adaptable a los desafíos del entorno digital actual. Las organizaciones que integran estas capacidades en su estrategia de seguridad pueden minimizar riesgos, mejorar la visibilidad sobre sus infraestructuras y garantizar un acceso seguro a sus recursos críticos.

Configuración de escenarios B2C en Entra ID

Microsoft Entra ID for Business-to-Consumer (B2C) es una solución diseñada para administrar la identidad y el acceso de los clientes en aplicaciones y servicios digitales. Permite a las organizaciones ofrecer autenticación segura y personalizada sin la necesidad de administrar directamente las credenciales de los usuarios. Entra ID B2C permite que los clientes inicien sesión con credenciales propias, redes sociales o proveedores de identidad externos, proporcionando una experiencia de usuario fluida y segura. La correcta configuración de un entorno B2C en Entra ID es crucial para garantizar que los clientes puedan acceder a los servicios sin fricciones, al mismo tiempo que se protege la seguridad y privacidad de sus datos.

El primer paso en la configuración de un escenario B2C en Entra ID es la creación de un inquilino dedicado. A diferencia de un inquilino estándar de Entra ID utilizado para empleados internos, un inquilino B2C está diseñado específicamente para la gestión de identidades de clientes externos. Al configurar el inquilino, la organización debe definir la política de autenticación que utilizará para los usuarios, incluyendo la integración con proveedores de identidad como Google, Facebook o cuentas de Microsoft. También se puede optar por permitir el uso de direcciones de correo electrónico y contraseñas tradicionales, dependiendo de la estrategia de seguridad de la empresa.

Las políticas de usuario en Entra ID B2C permiten personalizar la experiencia de inicio de sesión y registro. Se pueden configurar flujos de usuario para gestionar el proceso de autenticación, restablecimiento de contraseñas y edición de perfiles. Estos flujos pueden adaptarse para solicitar información adicional al usuario durante el registro, como números de teléfono o preguntas de seguridad, mejorando así la seguridad de las cuentas sin afectar la experiencia del cliente.

El diseño de la experiencia del usuario es otro aspecto fundamental en la configuración de escenarios B2C. Entra ID B2C permite personalizar la interfaz de inicio de sesión y registro para que coincida con la identidad visual de la empresa. Esto incluye la posibilidad de modificar logotipos, colores y mensajes en las pantallas de autenticación, asegurando que el proceso sea coherente con la marca y genere confianza en los clientes.

Para mejorar la seguridad, es recomendable implementar autenticación multifactor (MFA) en los escenarios B2C. Entra ID B2C permite configurar políticas que exijan factores adicionales de autenticación basados en riesgo, como códigos enviados por SMS o notificaciones en una aplicación autenticadora. Esto es especialmente útil para prevenir accesos no autorizados y proteger las cuentas de los clientes contra intentos de fraude.

El control de acceso basado en atributos es otra funcionalidad clave en la configuración de un entorno B2C. Entra ID B2C permite definir políticas que otorguen o restrinjan accesos a servicios específicos en función de la información del usuario, como su país de residencia o su tipo de suscripción. Esto facilita la segmentación de clientes y la personalización de experiencias dentro de la plataforma.

El monitoreo y la auditoría son esenciales en un entorno B2C para garantizar la seguridad y detectar actividades sospechosas. Entra ID B2C ofrece registros detallados de autenticación y acceso, permitiendo a las organizaciones analizar patrones de inicio de sesión y responder ante intentos de fraude o acceso no autorizado. Además, la integración con herramientas como Microsoft Sentinel permite un análisis avanzado de amenazas y la automatización de respuestas ante incidentes de seguridad.

La correcta configuración de un entorno B2C en Entra ID proporciona a las empresas una solución escalable y segura para la gestión de identidades de clientes. Mediante la personalización de la experiencia de autenticación, la implementación de medidas de seguridad avanzadas y la integración con herramientas de monitoreo, las organizaciones pueden ofrecer a sus clientes un acceso sin fricciones a sus servicios, garantizando al mismo tiempo la protección de sus datos y la seguridad de sus cuentas.

Extensión de la funcionalidad de Entra ID con políticas personalizadas

Microsoft Entra ID ofrece una amplia gama de funcionalidades para la gestión de identidades y accesos en entornos empresariales. Sin embargo, cada organización tiene necesidades específicas que pueden requerir configuraciones más avanzadas. Las políticas personalizadas permiten extender la funcionalidad de Entra ID, adaptando los procesos de autenticación, acceso y cumplimiento a los requisitos de cada empresa. A través de la personalización, las organizaciones pueden optimizar la seguridad, mejorar la experiencia del usuario y garantizar el cumplimiento normativo sin comprometer la flexibilidad operativa.

Las políticas personalizadas en Entra ID se basan en Azure AD B2C y en el uso de identidades externas. Estas políticas permiten definir flujos de autenticación específicos, configurando distintos métodos de inicio de sesión, controles de acceso y validaciones antes de conceder permisos a los usuarios. La personalización de estos procesos ayuda a gestionar escenarios complejos, como la autenticación basada en atributos, la integración con proveedores de identidad externos y la aplicación de reglas avanzadas de acceso condicional.

El uso de políticas personalizadas permite a las organizaciones definir reglas específicas para la autenticación multifactor. En lugar de aplicar una única política para todos los usuarios, se pueden crear configuraciones personalizadas que exijan autenticación adicional solo en determinados contextos. Por ejemplo, un usuario que accede desde una ubicación desconocida o un dispositivo no administrado puede ser obligado a completar un desafío de autenticación multifactor, mientras que los empleados que inician sesión desde redes corporativas seguras pueden obtener acceso sin requerir pasos adicionales.

La personalización de las políticas también facilita la integración con aplicaciones de terceros. Entra ID permite configurar políticas de federación con múltiples proveedores de identidad, asegurando que los usuarios puedan autenticarse utilizando credenciales externas sin comprometer la seguridad. Además, las reglas personalizadas pueden definir cómo se manejan los atributos del usuario durante la autenticación, permitiendo que los datos se transformen o se validen antes de ser utilizados en las aplicaciones empresariales.

Otro aspecto importante en la extensión de la funcionalidad de Entra ID es la administración de accesos basada en roles dinámicos. Las políticas personalizadas permiten asignar permisos automáticamente en función de atributos específicos, como el cargo, la ubicación o el departamento del usuario. De este modo, se evita la gestión manual de accesos y se garantiza que cada empleado tenga los permisos adecuados según su función dentro de la organización.

Las organizaciones que requieren un alto nivel de control sobre los procesos de autenticación pueden beneficiarse de la personalización de políticas para definir flujos de acceso condicional avanzados. Entra ID permite establecer criterios detallados para determinar cuándo y cómo los usuarios pueden acceder a los recursos. Por ejemplo, se pueden configurar reglas que bloqueen el acceso desde dispositivos con versiones de software desactualizadas o que exijan verificaciones adicionales si se detectan intentos de inicio de sesión simultáneos desde distintas ubicaciones.

El monitoreo y la auditoría de políticas personalizadas son esenciales para garantizar su efectividad y detectar posibles vulnerabilidades. Entra ID proporciona registros detallados de autenticación y uso de accesos, lo que permite a los administradores analizar el impacto de las reglas configuradas y ajustar las políticas según sea necesario. Además, la integración con Microsoft Sentinel y otras soluciones de análisis de seguridad permite correlacionar eventos de autenticación con otros indicadores de riesgo, mejorando la detección de amenazas y la respuesta ante incidentes.

La automatización de la gestión de identidades es otra área en la que las políticas personalizadas pueden aportar valor. Mediante scripts y herramientas como Microsoft Graph API, las organizaciones pueden implementar reglas dinámicas que ajusten los permisos de los usuarios en función de cambios en su perfil o actividad. Esto permite mantener un entorno de acceso seguro sin requerir intervención manual constante, reduciendo la carga operativa y optimizando los tiempos de respuesta ante solicitudes de acceso.

Las políticas personalizadas en Entra ID proporcionan un nivel de flexibilidad y control avanzado sobre la autenticación y la gestión de accesos. Al definir reglas específicas para distintos escenarios, las organizaciones pueden garantizar que los procesos de seguridad se alineen con sus necesidades operativas sin afectar la productividad de los usuarios. La implementación de políticas personalizadas permite mejorar la seguridad, optimizar la administración de identidades y garantizar una experiencia de usuario coherente y adaptada a los requerimientos empresariales.

Asegurando el acceso de los administradores en Entra ID

El acceso de los administradores en Microsoft Entra ID es un componente crítico en la seguridad de una organización, ya que estas cuentas tienen privilegios elevados y control sobre la infraestructura de identidad. Si una cuenta administrativa es comprometida, el atacante podría obtener acceso a sistemas críticos, modificar configuraciones de seguridad y causar daños significativos. Para mitigar estos riesgos, es fundamental implementar medidas de seguridad estrictas que protejan el acceso de los administradores sin afectar la operatividad.

Una de las mejores prácticas para asegurar el acceso de los administradores en Entra ID es la implementación de la autenticación multifactor (MFA). Todas las cuentas con privilegios elevados deben estar protegidas con al menos un segundo factor de autenticación, como una clave de seguridad FIDO2, una aplicación autenticadora o un código enviado por mensaje de texto. Esto reduce la posibilidad de que un atacante pueda acceder con credenciales robadas o comprometidas. Además, Entra ID permite aplicar políticas que obligan a los administradores a utilizar métodos de autenticación seguros, minimizando el uso de factores de menor seguridad como los mensajes SMS, que pueden ser vulnerables a ataques de intercambio de SIM.

El acceso condicional es otra herramienta clave para proteger las cuentas administrativas. Mediante reglas definidas en Entra ID, las organizaciones pueden restringir el acceso de los administradores en función de la ubicación, el dispositivo y el nivel de riesgo detectado en la sesión. Por ejemplo, se puede requerir autenticación adicional cuando un administrador intenta iniciar sesión desde una red desconocida o un dispositivo no administrado. También es posible bloquear completamente el acceso desde ciertos países o redes públicas para reducir la superficie de ataque.

El principio de privilegios mínimos es fundamental para limitar el acceso administrativo en Entra ID. En lugar de otorgar privilegios permanentes a los administradores, se recomienda utilizar Privileged Identity Management (PIM) para asignar roles de forma temporal y bajo aprobación. Con PIM, los administradores solo pueden activar sus permisos cuando realmente los necesiten, y las solicitudes pueden requerir una justificación o la aprobación de otro administrador antes de conceder acceso. Esta estrategia reduce significativamente la exposición de cuentas privilegiadas y dificulta la explotación de credenciales comprometidas.

El monitoreo continuo del acceso administrativo es esencial para detectar actividades sospechosas en tiempo real. Entra ID proporciona registros detallados de autenticación y cambios en la configuración, permitiendo a los equipos de seguridad revisar quién accede a los recursos críticos y qué acciones realiza. Estos registros pueden integrarse con Microsoft Sentinel para aplicar análisis avanzados y detectar patrones de comportamiento anómalos, como intentos de acceso desde múltiples ubicaciones en poco tiempo o cambios no autorizados en las políticas de seguridad.

La segmentación de roles administrativos también contribuye a mejorar la seguridad en Entra ID. En lugar de asignar privilegios amplios a un solo grupo de administradores globales, es recomendable definir roles específicos según las responsabilidades de cada usuario. Entra ID ofrece una amplia variedad de roles administrativos, como administrador de seguridad, administrador de aplicaciones y administrador de autenticación, permitiendo que cada usuario tenga solo los permisos necesarios para realizar sus tareas sin acceso innecesario a otros aspectos del sistema.

El acceso de emergencia o "break-glass" es otro aspecto crítico en la gestión de cuentas administrativas. Entra ID recomienda configurar al menos dos cuentas de acceso de emergencia con credenciales seguras y almacenadas en un lugar seguro, que solo se utilicen en caso de que todas las cuentas administrativas habituales queden bloqueadas o inaccesibles. Estas cuentas no deben estar sujetas a los mismos controles de acceso condicional que las cuentas regulares, ya que podrían ser necesarias en situaciones donde las políticas de seguridad impidan el acceso legítimo a los administradores principales.

La revisión periódica de accesos administrativos es una práctica recomendada para garantizar que solo las personas necesarias mantengan permisos elevados. Entra ID permite configurar revisiones de acceso para evaluar qué usuarios siguen necesitando roles administrativos y eliminar aquellos que ya no los requieren. Estas revisiones pueden automatizarse y exigir la aprobación de un supervisor, reduciendo el riesgo de cuentas con privilegios innecesarios que podrían ser explotadas por atacantes.

Garantizar la seguridad del acceso administrativo en Entra ID requiere una combinación de autenticación robusta, restricciones basadas en contexto, monitoreo continuo y gestión de privilegios mínimos. La implementación de estas estrategias fortalece la protección de la infraestructura de identidad y reduce los riesgos asociados con el acceso de cuentas privilegiadas, asegurando que solo los administradores autorizados puedan gestionar los recursos críticos de la organización.

Alineación de Entra ID con estándares de cumplimiento

Microsoft Entra ID desempeña un papel fundamental en la alineación de las organizaciones con estándares de cumplimiento globales, proporcionando herramientas avanzadas para la gestión de identidades, la autenticación segura y la protección de accesos. Cumplir con normativas como el Reglamento General de Protección de Datos (GDPR), la Ley de Privacidad del Consumidor de California (CCPA), ISO 27001, NIST 800-53 y la Ley de Portabilidad y Responsabilidad del Seguro de Salud (HIPAA) requiere una gestión rigurosa de los accesos y una protección constante de la información. Entra ID facilita esta tarea mediante el control de identidades, el monitoreo continuo y la implementación de políticas de seguridad adaptadas a los requisitos específicos de cada estándar.

Uno de los principios clave en el cumplimiento normativo es el control de acceso basado en roles y privilegios mínimos. Entra ID permite definir y administrar permisos granulares mediante el uso de roles administrativos, asegurando que los usuarios solo tengan acceso a los recursos estrictamente necesarios para sus funciones. Esta funcionalidad es fundamental para alinearse con estándares como ISO 27001 y NIST, que exigen la restricción de accesos según las responsabilidades de cada usuario dentro de la organización.

La autenticación segura es otro aspecto esencial en el cumplimiento de normativas de protección de datos. Entra ID permite la implementación de autenticación multifactor (MFA), un requisito obligatorio en varios estándares, incluyendo NIST y HIPAA. Al exigir múltiples factores de verificación antes de conceder acceso, se minimiza el riesgo de accesos no autorizados y se fortalece la seguridad de la infraestructura digital. Además, Entra ID ofrece compatibilidad con métodos modernos de autenticación sin contraseña, como claves de seguridad FIDO2 y Windows Hello for Business, reduciendo la dependencia de credenciales vulnerables.

El monitoreo y la auditoría de accesos son componentes clave para demostrar el cumplimiento de regulaciones. Entra ID proporciona registros detallados de actividad, incluyendo intentos de autenticación, cambios en permisos y acceso a datos sensibles. Estos registros pueden almacenarse y analizarse para identificar anomalías, detectar accesos sospechosos y generar reportes de cumplimiento. La integración con Microsoft Sentinel permite una supervisión avanzada, correlacionando eventos de seguridad para una detección temprana de amenazas y una respuesta automatizada ante incidentes.

El acceso condicional en Entra ID es una herramienta clave para cumplir con requisitos normativos, ya que permite aplicar controles adaptativos basados en el contexto del usuario y el nivel de riesgo detectado. Organizaciones que operan bajo regulaciones estrictas pueden definir políticas que restrinjan accesos desde ubicaciones no seguras, dispositivos no administrados o sesiones de alto riesgo. Estas medidas ayudan a garantizar que los datos críticos solo sean accesibles bajo condiciones seguras, alineándose con los requisitos de GDPR y otras normativas de protección de datos.

El cumplimiento con la privacidad de los datos es una preocupación central en regulaciones como GDPR y CCPA. Entra ID proporciona funcionalidades que permiten a las organizaciones gestionar identidades de manera transparente, garantizando que los datos personales de los usuarios sean tratados conforme a las regulaciones aplicables. Mediante la gestión de consentimiento y la capacidad de anonimizar o eliminar registros bajo solicitud, Entra ID facilita la implementación de procesos de privacidad centrados en el usuario, reduciendo riesgos de incumplimiento y sanciones regulatorias.

Las revisiones periódicas de acceso son otro requisito esencial en marcos normativos como SOX y ISO 27001. Entra ID permite la configuración de revisiones automatizadas que evalúan periódicamente los permisos de los usuarios, garantizando que solo las personas adecuadas mantengan acceso a recursos sensibles. Estas revisiones pueden incluir flujos de aprobación para administradores y supervisores, asegurando la supervisión constante de los privilegios y la alineación con los principios de gobernanza de identidades.

La capacidad de Entra ID para integrarse con otras soluciones de cumplimiento y seguridad dentro del ecosistema de Microsoft refuerza aún más su alineación con los estándares regulatorios. Herramientas como Microsoft Purview Compliance Manager permiten evaluar el estado de cumplimiento de la organización y proporcionar recomendaciones para mejorar la seguridad y la privacidad de los datos. Al centralizar la gestión de identidades y la auditoría de accesos dentro de Entra ID, las organizaciones pueden simplificar el cumplimiento normativo y reducir la complejidad de las evaluaciones de seguridad.

La alineación de Entra ID con los estándares de cumplimiento proporciona a las organizaciones un marco sólido para la protección de identidades y datos críticos. La combinación de autenticación segura, control de accesos basado en riesgo, monitoreo continuo y automatización de revisiones permite a las empresas cumplir con las regulaciones vigentes sin afectar la operatividad. Implementar estas medidas no solo ayuda a evitar sanciones y auditorías adversas, sino que también fortalece la seguridad organizacional y la confianza de los usuarios en la protección de su información.

Detección avanzada de amenazas con Microsoft Defender for Identity

Las amenazas a la seguridad de las identidades representan uno de los mayores desafíos para las organizaciones modernas. Microsoft

Defender for Identity es una solución avanzada de seguridad diseñada para detectar, investigar y responder a ataques dirigidos contra identidades y accesos dentro de un entorno empresarial. Basado en análisis de comportamiento y aprendizaje automático, este servicio permite a las organizaciones identificar actividades sospechosas en tiempo real y mitigar riesgos antes de que se conviertan en incidentes críticos.

Uno de los principales enfoques de Microsoft Defender for Identity es la detección de movimientos laterales dentro de una red corporativa. Los atacantes que logran comprometer una cuenta de usuario intentan escalar privilegios y moverse entre sistemas en busca de información sensible o acceso a cuentas privilegiadas. Defender for Identity analiza los patrones de acceso y compara la actividad actual de un usuario con su comportamiento habitual. Si se detectan intentos de acceso inusuales o actividades que sugieren la explotación de credenciales, se generan alertas automáticas para los equipos de seguridad.

La detección de ataques basados en Pass-the-Hash y Pass-the-Ticket es otra capacidad clave de esta solución. Estas técnicas permiten a los atacantes eludir la autenticación tradicional reutilizando credenciales robadas. Microsoft Defender for Identity monitoriza las interacciones entre dispositivos y servidores, identificando anomalías en el uso de credenciales que podrían indicar un intento de escalación de privilegios o la propagación de un ataque dentro de la organización.

El análisis de comportamiento es un componente esencial en la detección de amenazas avanzadas. Defender for Identity no solo se basa en reglas predefinidas, sino que también aprende de la actividad normal de los usuarios y dispositivos dentro de la red. Cualquier desviación significativa en los patrones de acceso, como inicios de sesión desde ubicaciones inesperadas, uso de cuentas administrativas fuera de horario o cambios en las configuraciones de seguridad, genera alertas que permiten a los administradores investigar posibles amenazas antes de que causen daños.

La integración con otras soluciones de seguridad de Microsoft, como Microsoft Sentinel, amplía la capacidad de respuesta ante amenazas detectadas. Los eventos analizados en Defender for Identity pueden correlacionarse con registros de seguridad de otros sistemas, proporcionando una visión completa de la actividad sospechosa dentro de la organización. Este enfoque holístico permite automatizar respuestas ante amenazas, como el bloqueo de cuentas comprometidas, la revocación de sesiones activas y la aplicación de medidas de contención en dispositivos potencialmente comprometidos.

El monitoreo de identidades privilegiadas es otro aspecto fundamental en la protección contra amenazas avanzadas. Defender for Identity permite realizar un seguimiento detallado de las cuentas con acceso a información crítica, asegurando que cualquier intento de uso indebido sea detectado y tratado de inmediato. La solución ofrece visibilidad sobre cuentas con privilegios elevados, detecta cambios inesperados en permisos y supervisa intentos de acceso a recursos restringidos.

Las amenazas internas también representan un riesgo significativo para las organizaciones. Microsoft Defender for Identity ayuda a identificar comportamientos anómalos de empleados o usuarios internos que podrían estar intentando acceder a datos sin autorización. El análisis continuo de las actividades dentro de la red permite detectar patrones de exfiltración de datos, intentos de evasión de controles de seguridad y accesos a información confidencial fuera del perfil de actividad normal de un usuario.

El uso de inteligencia artificial y aprendizaje automático permite que Defender for Identity evolucione continuamente, mejorando su precisión en la detección de amenazas con el tiempo. A medida que se recopilan más datos sobre la actividad de la red, la solución ajusta sus modelos de comportamiento para reducir falsos positivos y proporcionar alertas más precisas. Este enfoque basado en inteligencia adaptativa mejora la capacidad de respuesta ante ataques y permite a los equipos de seguridad concentrarse en amenazas reales en lugar de revisar incidentes irrelevantes.

Microsoft Defender for Identity proporciona a las organizaciones una solución integral para la detección avanzada de amenazas centradas en identidades. Al analizar patrones de comportamiento, identificar intentos de movimiento lateral y detectar ataques sofisticados contra credenciales, esta herramienta ayuda a proteger los recursos críticos de la empresa. Su integración con el ecosistema de seguridad de Microsoft y su capacidad de aprendizaje automático permiten una detección proactiva de amenazas, fortaleciendo la postura de seguridad de cualquier organización frente a ataques dirigidos contra identidades y accesos privilegiados.

Integración con Microsoft Sentinel para la respuesta a incidentes

La detección y respuesta a incidentes de seguridad es un desafío constante para las organizaciones, especialmente en un entorno donde las amenazas evolucionan rápidamente. Microsoft Sentinel es una solución de gestión de eventos e información de seguridad (SIEM) y orquestación, automatización y respuesta de seguridad (SOAR) que permite a las empresas recopilar, analizar y responder a amenazas en tiempo real. La integración de Microsoft Entra ID con Sentinel proporciona visibilidad avanzada sobre actividades sospechosas, mejorando la capacidad de detección y permitiendo una respuesta automatizada ante incidentes de seguridad.

Uno de los principales beneficios de esta integración es la capacidad de consolidar registros de autenticación y eventos de acceso en un solo panel de monitoreo. Microsoft Sentinel recopila los registros de Entra ID, permitiendo a los equipos de seguridad identificar patrones inusuales, como intentos de inicio de sesión desde ubicaciones no habituales, uso de credenciales comprometidas o accesos fallidos reiterados. Al correlacionar estos eventos con otros datos dentro de la infraestructura de seguridad, Sentinel permite detectar amenazas sofisticadas que de otro modo podrían pasar desapercibidas.

La automatización de respuestas es otro componente clave en la integración de Entra ID con Sentinel. Mediante reglas y playbooks configurables, es posible generar acciones automáticas en respuesta a actividades sospechosas. Por ejemplo, si Sentinel detecta que una cuenta de usuario muestra un comportamiento de alto riesgo, puede activar un flujo de respuesta que incluya el bloqueo temporal del usuario, la revocación de sesiones activas y la notificación inmediata a los administradores de seguridad. Esta capacidad de reacción inmediata reduce significativamente el tiempo de exposición ante amenazas y minimiza el impacto de ataques dirigidos.

El análisis de riesgos basado en inteligencia artificial mejora la capacidad de detección de Sentinel cuando se integra con Entra ID. Utilizando aprendizaje automático, Sentinel evalúa grandes volúmenes de datos de autenticación para identificar anomalías en los accesos y predecir posibles compromisos de cuenta. Este enfoque permite priorizar alertas según su nivel de criticidad, reduciendo la cantidad de falsos positivos y permitiendo a los equipos de seguridad centrarse en incidentes reales.

Los informes y la generación de auditorías son fundamentales para garantizar el cumplimiento normativo y mejorar las estrategias de seguridad. La integración con Sentinel permite generar reportes detallados sobre accesos y actividades sospechosas en Entra ID, facilitando la identificación de tendencias y vulnerabilidades dentro de la organización. Estas capacidades son especialmente valiosas para empresas que deben cumplir con normativas como GDPR, ISO 27001 y NIST, ya que proporcionan evidencia documentada de la aplicación de controles de seguridad.

La capacidad de correlación de datos en Sentinel permite vincular eventos de Entra ID con otras soluciones de seguridad dentro del ecosistema de Microsoft y con fuentes de datos externas. Esto significa que si un ataque se origina a partir de un intento de acceso no autorizado en Entra ID, Sentinel puede correlacionar esta información con eventos en dispositivos finales, tráfico de red y actividad en aplicaciones, proporcionando una visión completa del incidente. Esta integración facilita la identificación del origen de una amenaza y ayuda a determinar la mejor estrategia de mitigación.

Las organizaciones pueden mejorar aún más su postura de seguridad configurando Sentinel para trabajar en conjunto con el acceso condicional de Entra ID. Si se detecta una actividad sospechosa a través de Sentinel, las políticas de acceso condicional pueden adaptarse dinámicamente para aplicar restricciones adicionales, como exigir autenticación multifactor para ciertos usuarios o bloquear accesos desde ubicaciones de alto riesgo. Esta combinación de monitoreo continuo y respuesta automatizada fortalece la seguridad y reduce el riesgo de accesos no autorizados.

La integración con Microsoft Sentinel proporciona a las empresas una solución avanzada para la detección, monitoreo y respuesta a incidentes en entornos basados en Entra ID. Al combinar análisis de inteligencia artificial, automatización de respuestas y correlación de eventos, las organizaciones pueden mejorar su capacidad de prevención y mitigación de amenazas. Esta estrategia no solo reduce la carga operativa de los equipos de seguridad, sino que también refuerza la resiliencia frente a ataques dirigidos contra la infraestructura de identidad y accesos.

Tendencias futuras en Microsoft Entra ID

La evolución de la gestión de identidades y accesos sigue avanzando a medida que las amenazas cibernéticas se vuelven más sofisticadas y las organizaciones adoptan entornos híbridos y multinube. Microsoft Entra ID se encuentra en constante desarrollo para responder a estas necesidades, incorporando nuevas tecnologías y enfoques que refuercen la seguridad y mejoren la experiencia del usuario. Las tendencias futuras en Entra ID apuntan a una mayor automatización, el uso extendido de inteligencia artificial, la reducción de la dependencia de contraseñas y la integración con ecosistemas de identidad descentralizados.

El concepto de identidad sin contraseñas sigue ganando relevancia en la industria de la ciberseguridad, y Microsoft Entra ID está a la vanguardia de esta transformación. La implementación de métodos de autenticación como claves de seguridad FIDO2, credenciales biométricas y autenticación basada en dispositivos confiables reemplazará progresivamente el uso de contraseñas tradicionales. A medida que las empresas adopten estas tecnologías, se espera que Entra ID amplíe su compatibilidad con métodos de autenticación adaptativa, donde el acceso se conceda en función del contexto del usuario y su nivel de riesgo en cada sesión.

La inteligencia artificial y el aprendizaje automático desempeñarán un papel clave en la evolución de Entra ID. Microsoft ya ha integrado capacidades avanzadas de detección de amenazas en la plataforma, pero el futuro traerá mejoras en la identificación de patrones anómalos y en la predicción de ataques mediante análisis de grandes volúmenes de datos en tiempo real. La IA permitirá ajustar dinámicamente los niveles de seguridad en función de factores como el comportamiento del usuario, el historial de accesos y la ubicación geográfica, aplicando controles adaptativos sin afectar la productividad de los empleados.

El acceso condicional evolucionará hacia un modelo más granular y autónomo. Actualmente, las políticas de acceso condicional permiten definir reglas basadas en el contexto de autenticación, pero en el futuro estas reglas serán aún más dinámicas y personalizables. Las organizaciones podrán establecer políticas de acceso basadas en niveles de confianza en tiempo real, donde cada intento de autenticación sea evaluado en función de múltiples señales de riesgo y ajustado automáticamente para reforzar la seguridad sin generar fricción innecesaria.

Las identidades descentralizadas son otra tendencia que podría impactar la evolución de Entra ID en los próximos años. Microsoft ha explorado soluciones basadas en blockchain y tecnologías de credenciales verificables que permiten a los usuarios controlar su identidad digital sin depender de una única autoridad centralizada. Este enfoque transformaría la manera en que las organizaciones gestionan el acceso a sus recursos, permitiendo a los usuarios compartir solo la información necesaria para autenticarse sin exponer datos sensibles. La integración de estas tecnologías en Entra ID podría ofrecer mayor privacidad, reducir los riesgos de robo de identidad y facilitar la interoperabilidad con otras plataformas de identidad digital.

La automatización será una de las principales áreas de crecimiento en la gestión de identidades dentro de Entra ID. La administración de accesos basada en inteligencia artificial reducirá la necesidad de intervención manual en la asignación de roles y permisos. Los sistemas de gobernanza de identidades evolucionarán para aplicar automáticamente políticas de acceso basadas en el rol, el proyecto o la función específica del usuario dentro de la organización. Esto permitirá reducir los riesgos asociados con accesos innecesarios o permanentes a recursos críticos, adoptando un modelo más dinámico y seguro.

La seguridad de las identidades en entornos multinube se convertirá en un enfoque prioritario dentro de Entra ID. A medida que las organizaciones continúan migrando a infraestructuras híbridas y distribuidas en múltiples plataformas en la nube, Microsoft ampliará las capacidades de Entra ID para gestionar accesos en entornos heterogéneos. La integración con proveedores externos de identidad y la capacidad de aplicar controles de acceso unificados en diferentes nubes permitirán a las empresas fortalecer su postura de seguridad sin depender exclusivamente de un solo ecosistema tecnológico.

La evolución del modelo de Confianza Cero dentro de Entra ID será otro aspecto clave en los próximos años. Microsoft continuará fortaleciendo los principios de verificación continua, acceso mínimo y segmentación estricta de privilegios para evitar accesos indebidos dentro de la red corporativa. La detección de amenazas basada en comportamiento y la aplicación de autenticación reforzada en tiempo real permitirán a las empresas implementar estrategias de seguridad más resilientes frente a ataques cibernéticos cada vez más avanzados.

Las tendencias futuras en Microsoft Entra ID reflejan un cambio hacia una gestión de identidades más inteligente, automatizada y centrada en la seguridad adaptativa. La eliminación progresiva de contraseñas, la adopción de inteligencia artificial para la detección de riesgos, la integración con identidades descentralizadas y la expansión de las capacidades de administración en entornos multinube posicionan a Entra ID como una plataforma clave para el futuro de la seguridad digital.

Construcción de una estrategia integral de Entra ID

La gestión de identidades y accesos se ha convertido en un pilar fundamental para la seguridad y la eficiencia operativa de las organizaciones. Microsoft Entra ID proporciona un conjunto de herramientas avanzadas para administrar identidades digitales, controlar el acceso a recursos y proteger la infraestructura contra amenazas cibernéticas. Sin embargo, para maximizar su potencial, es esencial contar con una estrategia integral que abarque desde la planificación inicial hasta la implementación y la optimización continua.

El primer paso en la construcción de una estrategia de Entra ID es definir los objetivos y necesidades de la organización en materia de identidad y acceso. Cada empresa tiene requisitos específicos según su estructura, el tipo de aplicaciones que utiliza y los riesgos a los que está expuesta. Es fundamental realizar un análisis detallado para determinar qué funciones de Entra ID serán clave, como la autenticación multifactor, el acceso condicional o la gestión de identidades híbridas. Este proceso permite establecer una base sólida para la implementación y garantizar que la solución se alinee con los objetivos de seguridad y cumplimiento normativo.

La administración de usuarios y grupos es otro elemento esencial dentro de la estrategia. La asignación de permisos debe seguir el principio de privilegios mínimos, asegurando que cada usuario tenga acceso únicamente a los recursos necesarios para su trabajo. El uso de grupos dinámicos facilita la automatización de esta tarea, permitiendo que los usuarios sean añadidos o eliminados de grupos en función de sus atributos, como el departamento o la ubicación. Además, la segmentación de roles administrativos evita la concentración de privilegios y reduce el riesgo de accesos no autorizados.

El acceso condicional es una herramienta clave para reforzar la seguridad dentro de una estrategia integral de Entra ID. Establecer políticas basadas en el contexto del usuario, el dispositivo y la ubicación permite aplicar restricciones dinámicas que minimizan los riesgos sin afectar la productividad. Por ejemplo, se pueden definir reglas que bloqueen accesos desde ubicaciones de alto riesgo o que requieran autenticación multifactor para dispositivos no administrados. Esta flexibilidad garantiza un equilibrio entre seguridad y usabilidad, adaptándose a los distintos escenarios empresariales.

La autenticación sin contraseña es una tendencia en crecimiento que puede fortalecer significativamente la seguridad dentro de una estrategia de Entra ID. Métodos como Windows Hello, claves de seguridad FIDO2 y la autenticación a través de aplicaciones móviles eliminan la dependencia de contraseñas vulnerables y mejoran la experiencia del usuario. Adoptar estas soluciones dentro de la estrategia de identidad permite reducir ataques basados en credenciales comprometidas y fortalecer la protección de los accesos.

La protección de identidades privilegiadas es otro aspecto crítico en la estrategia de Entra ID. Las cuentas con permisos administrativos son objetivos frecuentes de los atacantes, por lo que su acceso debe estar estrictamente controlado. Privileged Identity Management (PIM) permite asignar privilegios elevados de manera temporal y bajo aprobación, reduciendo la exposición de cuentas críticas. Además, el monitoreo continuo de estas cuentas y la aplicación de autenticación reforzada ayudan a mitigar riesgos y a prevenir accesos indebidos.

El monitoreo y la respuesta a incidentes son componentes fundamentales en la estrategia de Entra ID. La integración con Microsoft Sentinel permite recopilar y analizar eventos de autenticación en tiempo real, identificando patrones sospechosos y activando respuestas automáticas ante posibles amenazas. Implementar un modelo de detección basado en inteligencia artificial mejora la capacidad de respuesta de la organización y fortalece la seguridad de la infraestructura de identidad.

La automatización de la gestión de identidades optimiza los procesos administrativos y reduce la carga de trabajo del equipo de TI. Entra ID ofrece herramientas como Microsoft Graph API y PowerShell para la automatización de tareas repetitivas, como la asignación de licencias, la creación de usuarios y la aplicación de políticas de acceso. Incorporar estos procesos dentro de la estrategia mejora la eficiencia y garantiza una administración consistente y libre de errores.

El cumplimiento normativo es otro factor clave en la estrategia de Entra ID. Muchas organizaciones deben cumplir con regulaciones como GDPR, ISO 27001 y NIST, lo que implica la implementación de controles estrictos sobre el acceso a datos sensibles. Entra ID proporciona herramientas avanzadas para la auditoría de accesos, la gestión de consentimientos y la generación de reportes, facilitando el cumplimiento de los requisitos legales y la protección de la privacidad de los usuarios.

La optimización continua es un aspecto fundamental en cualquier estrategia de identidad. Las amenazas cibernéticas evolucionan constantemente, por lo que las políticas y configuraciones de Entra ID deben actualizarse regularmente. La revisión periódica de accesos, la eliminación de cuentas inactivas y la evaluación de nuevas funcionalidades de seguridad permiten mantener un entorno protegido y eficiente a lo largo del tiempo.

El desarrollo de una estrategia integral de Entra ID requiere una planificación cuidadosa y un enfoque basado en las mejores prácticas de seguridad. La combinación de autenticación segura, acceso condicional, automatización y monitoreo continuo permite a las organizaciones gestionar sus identidades de manera efectiva y proteger sus recursos frente a amenazas emergentes. Implementar un modelo robusto de gestión de identidades no solo mejora la seguridad, sino que también optimiza la experiencia del usuario y facilita el cumplimiento de normativas en un entorno digital en constante cambio.

www.ingramcontent.com/pod-product-compliance
Lightning Source LLC
Chambersburg PA
CBHW071222050326

40689CB00011B/2409